Iryna Taranenko, geboren 1982, ist Gründerin der Kreativagentur Green Penguin und Mitgründerin des Verlags Books&Cartoons. Taranenko ist schon seit ihrer Kindheit ein absoluter Sportfan. Statt Kindersendungen schaute sie lieber die Olympischen Spiele, Fußball und Biathlon. Später arbeitete sie für das ukrainische Fernsehen bei der Übertragung großer Sportereignisse. Sie ist Fan vom Fußballclub Metalist aus ihrer Heimatstadt Charkiw.

Marija Worobjowa, geboren 1985, ist Cheflektorin und Co-Autorin verschiedener illustrierter Bücher über die Ukraine. Sie kommt aus einer sportbegeisterten Familie: Ihr Vater ist ein bekannter Sportkommentator und ihre Mutter TV-Sendeleiterin bei Sportübertragungen. Worobjowa war selbst für verschiedene Sportsendungen zu Olympischen Sommer- und Winterspielen sowie Fußballeuropameisterschaften tätig. Sie ist Fan von Dynamo Kiew.

Marta Leschak, geboren 1993, ist Chefgrafikerin und Illustratorin mehrerer Bücher über die Ukraine. Außerdem gestaltete sie die animierte Webserie *Adventure Portal* und entwickelte das Design für Projekte, die sich für Tierheime im Osten der Ukraine eingesetzt sowie um Ausrüstung für die ukrainischen Streitkräfte bemüht haben.

Anna Plotka, geboren 1992, ist Illustratorin und hat an verschiedenen Büchern über die Ukraine und der animierten Webserie *Adventure Portal* mitgearbeitet.

1. Auflage, 2024
© 2024 Moritz Verlag, Frankfurt am Main
Alle deutschsprachigen Rechte vorbehalten
© 2024 Iryna Taranenko & Marija Worobjowa (Text)
© 2024 Marta Leschak & Anna Plotka (Illustrationen)
Alle Rechte vorbehalten
Die ukrainische Originalausgabe erschien 2024 unter dem Titel
Книга-мандрівка. Літні Олімпійські ігри
bei Vydavnytstvo Staroho Leva (The Old Lion Publishing House), Lemberg, Ukraine
Lektorat: Jessica Zeltner, Wetzlar
Einbandgestaltung: Max Bartholl, Frankfurt am Main
unter Verwendung von Illustrationen von Marta Leschak und Anna Plotka
Satz: Norbert Blommel, Vreden
Druck: Perfekt, Warschau
Printed in Poland
ISBN 978 3 89565 460 2
www.moritzverlag.de

Iryna Taranenko & Marija Worobjowa

OLYMPIA!
Bewegende Momente – Besondere Geschichten

Mit Illustrationen von
Marta Leschak & Anna Plotka

*Aus dem Ukrainischen von
Annegret Becker*

Moritz Verlag
Frankfurt am Main

ZEITLEISTE

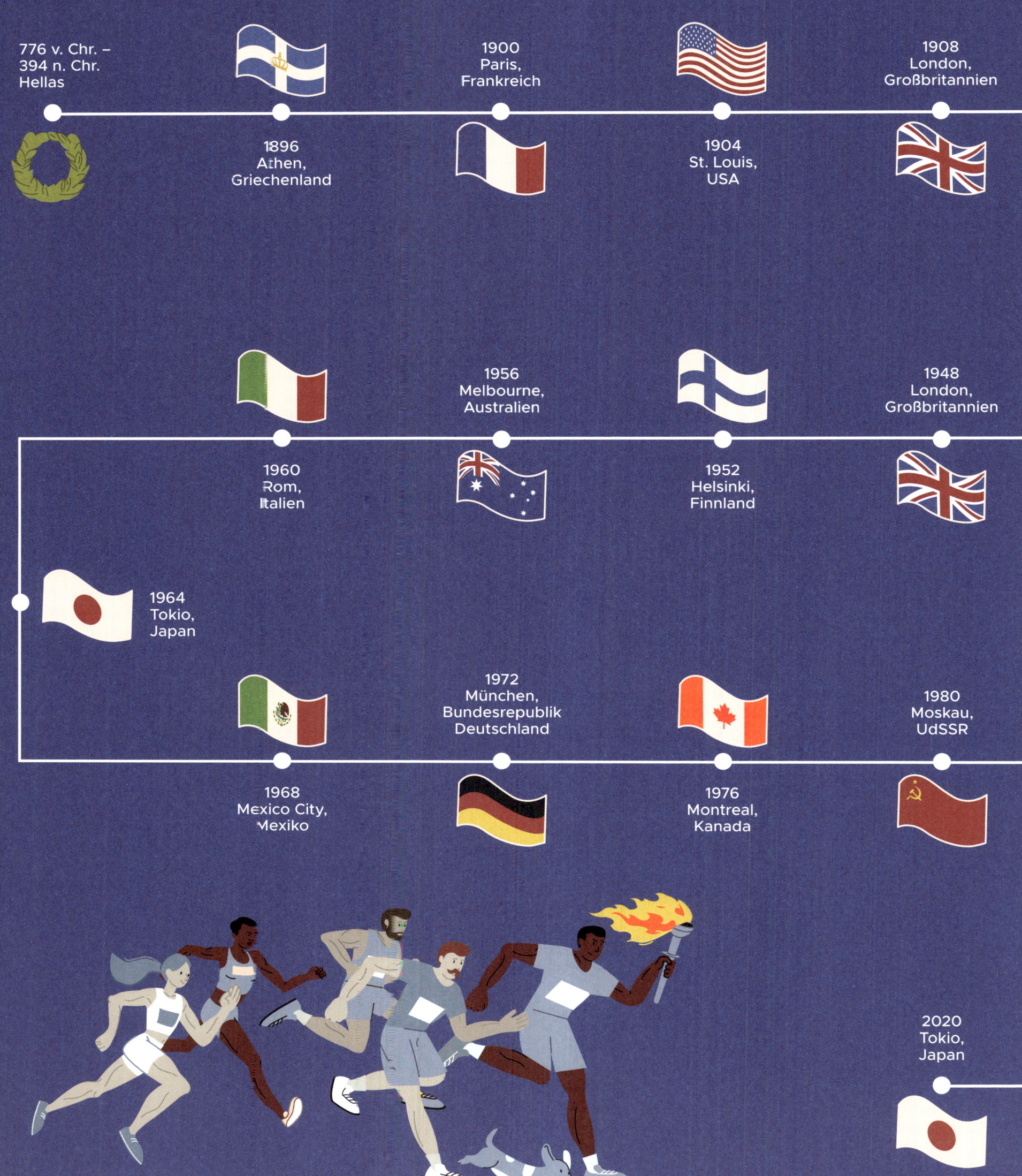

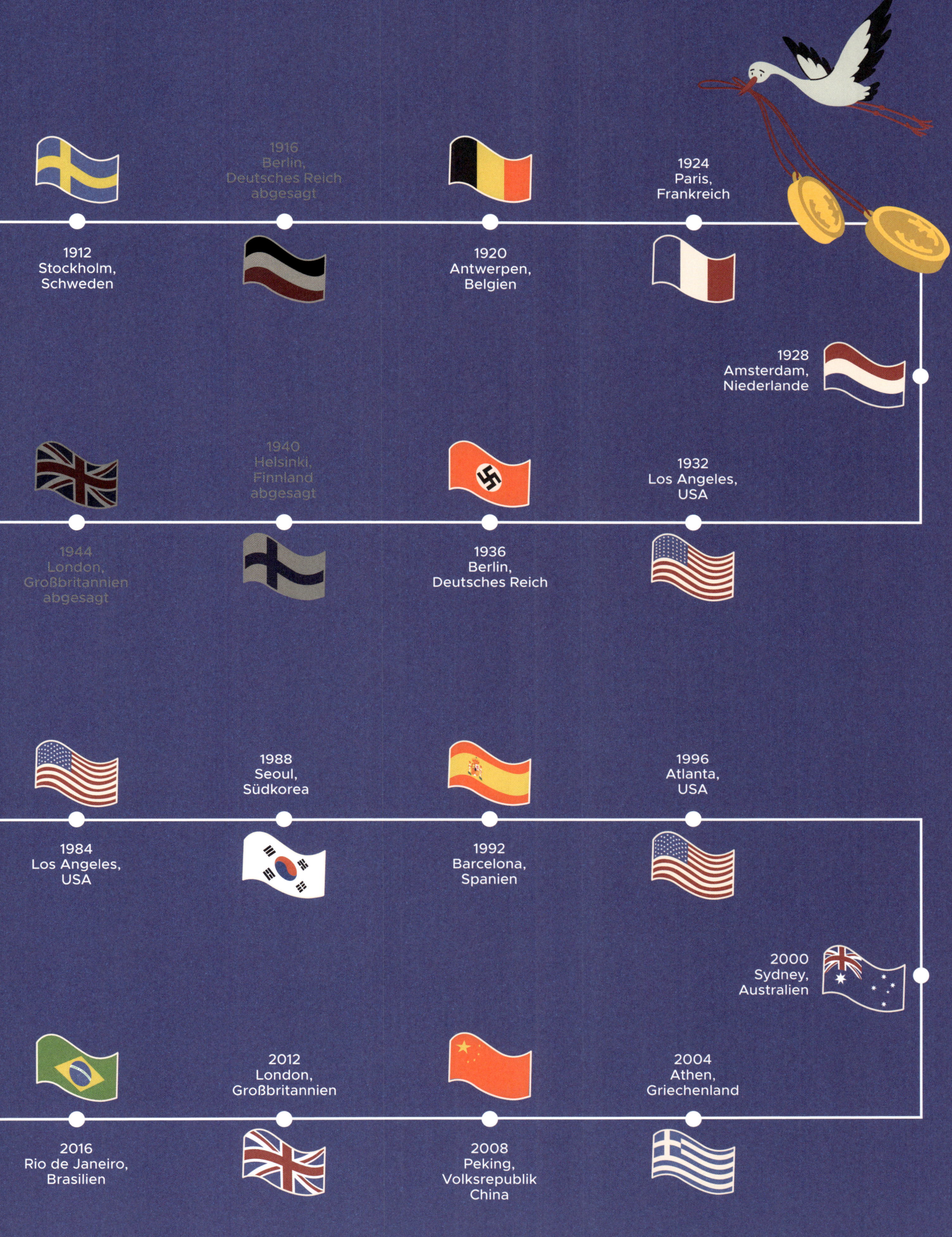

SCHNELLER – HÖHER – STÄRKER

Erfolgreichste Länder:

USA
(bei 28 Olympischen Spielen)
2.629 Medaillen
1.061   830   738

UdSSR
(bei 9 Olympischen Spielen)
1.010 Medaillen
395   319   296

Großbritannien
(bei 29 Olympischen Spielen)
916 Medaillen
284   318   314

Erfolgreichster Olympionike:

Michael Phelps, USA, Schwimmen
28 Medaillen
23   3   2

PAAVO NURMI
1920–1928
9   3   0

Der legendäre finnische Läufer trainierte, indem er 3 km mit 30 kg Gewicht auf dem Rücken und sogar mit einem fahrenden Zug um die Wette rannte. Nurmi lief meist mit einer Stoppuhr in der Hand, um ein gleichmäßiges Tempo zu halten. Vor der letzten Runde im 5.000-m-Finale 1924 in Paris warf er sie beiseite, als er erkannte, dass er nicht gegen die Uhr, sondern gegen seine Kontrahenten lief. Nachdem er danach über die 10.000 m nicht antreten durfte, stellte er zu Hause in Finnland über genau diese Distanz einen neuen Weltrekord auf.

RAY EWRY
1900–1908
8   0   0

Als Olympiasieger wurde der studierte Ingenieur von niemandem übertroffen: Denn die Disziplinen, die er gewann – Standhochsprung, Standweitsprung und Standdreisprung –, wurden später nie wieder durchgeführt! Im Standhochsprung und Standweitsprung verteidigte Ewry seinen Titel zweimal. Im Standdreisprung gelang ihm das nur einmal, weil der Wettbewerb 1908 aus dem olympischen Programm genommen wurde. 1912 strich man alle seine Sprungdisziplinen …

SAWAO KATŌ
1968–1976
8   3   1

Während seiner Kindheit war er ein Musterschüler und interessierte sich nicht besonders für Sport. Das änderte sich, als er zum ersten Mal eine Turnhalle betrat. Katō war 1972 in München der erste japanische Sportler, der zum zweiten Mal in Folge bei Olympischen Spielen im Einzelmehrkampf Gold holte. Es machte ihm am meisten Spaß, technisch anspruchsvolle Übungen zu entwickeln. Dazu nutzte er gern für die damalige Zeit neuartige Geräte und trainierte beispielsweise auf einem Trampolin.

MARK SPITZ
1968–1972
9   1   1

Statt seinem Traumberuf Zahnarzt nachzugehen, wurde Mark Spitz zum berühmten Schwimmer. Nach dem Ende seiner aktiven Sportkarriere ging er zum Fernsehen und war außerdem in einigen Werbefilmen zu sehen. Im Film *Freedom's Fury* über das berühmte Wasserballhalbfinale 1956 zwischen der Sowjetunion und Ungarn in Melbourne trat er als Erzähler auf. 2004 war Spitz Kommentator der Schwimmwettbewerbe von Athen.

BIRGIT FISCHER
1980, 1988–2004
8   4   0

Sie habe den Sport ihrem Leben angepasst und sich mit dem Training nicht selbst verschlissen, sagte die Kanutin Birgit Fischer. Als Schlüssel zum Erfolg sah sie ihre Fähigkeit, Schwerpunkte zu setzen. Fischer machte zwei Hochschulabschlüsse und zog zwei Kinder groß. Die Arbeit an einem Film über ihr Leben inspirierte sie dazu, sich ein weiteres Mal auf Olympia, nämlich 2004 in Athen, vorzubereiten.

JENNY THOMPSON

1992–2004

 8   3   1

Thompson war eine geborene Teamplayerin. Alle Goldmedaillen holte die Schwimmerin mit der Staffel. Nach ihrer Schwimmkarriere machte sie beruflich etwas völlig anderes: Sie wurde Anästhesistin und Chirurgin. Bis heute schwimmt sie Rennen für wohltätige Zwecke und fiebert bei Olympischen Spielen auf der Tribüne mit ihrem Team mit.

MICHAEL PHELPS

2000–2016

 23   3   2

Als Kind war er hyperaktiv, dann wurde er 28-mal bei olympischen Schwimmwettkämpfen ausgezeichnet. Die einen erklärten seinen Erfolg mit seinen Körpermaßen: Schuhgröße 48,5 und Spannweite 203 cm – zehn Zentimeter mehr als seine Größe. Die anderen schoben es auf seine Ernährung mit 12.000 Kalorien täglich, die er angeblich während intensiver Trainingsphasen zu sich nahm.

LARYSSA LATYNINA

1956–1964

 9   5   4

Keine andere Sportlerin gewann jemals mehr Medaillen als diese ukrainische Turnerin. In ihrer Heimatstadt Cherson hatte sie als Ballerina begonnen, sich später fürs Turnen begeistert und schließlich die Weltspitze erreicht. Bei der Turnweltmeisterschaft 1958 war Latynina im vierten Monat schwanger und gewann dennoch fünf Goldmedaillen. Fünf Monate später kam ihre Tochter zur Welt.

CARL LEWIS

1984–1996

 9   1 0

Das IOC bezeichnete Carl Lewis als den besten Sportler des 20. Jahrhunderts. Der Leichtathlet konnte wiederholen, was seinem Vorbild Jesse Owens schon gelungen war: viermal Gold bei denselben Olympischen Spielen. Darüber hinaus gewann er bei vier Spielen hintereinander Gold im Weitsprung. Lewis war außerdem in einigen Filmen zu sehen und trat sogar zur Wahl des Senats von New Jersey an, zog seine Kandidatur jedoch später wieder zurück.

USAIN BOLT

2004–2016

 8   2   1

Bolt hält derzeit (2024) die Weltrekorde über 100 m (9,58 Sekunden), 200 m (19,19 Sekunden) sowie in der jamaikanischen 4 x 100-m-Staffel (36,84 Sekunden). Seine Siegerpose »Der Blitz« ließ er als Marke schützen. Über ihn erschien der Dokumentarfilm *I Am Bolt* und er selbst veröffentlichte unter dem Titel *Wie der Blitz* seine Autobiografie.

MATT BIONDI

1984–1992

 8   2   1

Biondi knackte nicht nur sieben Schwimmweltrekorde, sondern engagierte sich vielseitig. Er arbeitete mit den Special Olympics und einer Kinderschutzorganisation zusammen, erfüllte Träume unheilbar kranker Kinder, unterstützte Alphabetisierungsprojekte und trat für den Umwelt- und Delfinschutz ein. Außerdem war Biondi Mathematiklehrer und Schwimmtrainer an einer Highschool.

HELLAS
776 v. Chr. – 394 n. Chr.
(293 OLYMPIADEN)

Der Legende nach entstanden die Spiele genau dort, wo Zeus, der Gott des Donners, Tausende Jahre zuvor residiert hatte – in Olympia. Mit den Wettkämpfen wollte man die Götter ehren und den menschlichen Körper mit seinen Fähigkeiten preisen. Die antiken Olympischen Spiele vermochten es, Kriege ruhen zu lassen und Menschen zu vereinen. Auch heute noch werden die Spiele in der ganzen Welt verfolgt. Manches aber bleibt unverändert: Wenn in Olympia das heilige Feuer entzündet wird, was ursprünglich zu Ehren Prometheus' geschah, bedeutet dies: Die Olympischen Spiele beginnen!

Austragungsort: Olympia, Halbinsel Peloponnes
Olympiade: Zeitraum von vier Jahren (nach deren jeweiligem Ablauf im antiken Griechenland die Olympischen Spiele stattfanden)
Hauptsportarten: Laufen, Zweikampf, Wagenrennen, Fünfkampf, Pankration (Kombination aus Ringen und Boxen), Faustkampf
Ehrung: ein Kranz aus Ölbaumzweigen und ein Palmzweig, lebenslange Renten und ein Zuschauerplatz im Theater
Olympioniken: Dem Sieger des Wettbewerbs wurden alle Ehren zuteil, ausgezeichnet wurde allerdings nur der erste Platz einer jeden Sportart.
Bekannte Athleten: General Orsippus von Megara, der Hirte Polymnestor, Diagoras, Mitglied der Königsfamilie von Rhodos, der Philosoph Demokrit, Alexander der Große

PANHELLENISCHE SPIELE
Inspiriert von den Wettkämpfen zu Ehren Zeus' in Olympia, folgten in Griechenland die Pythischen, Isthmischen und Nemeischen Spiele. Obwohl das Land damals in verfeindete Stadtstaaten gespalten war, entstand so kulturelle Verbundenheit.

ZEUS ZU EHREN
Die Legende besagt, dass der griechische Held Herakles die Olympischen Spiele zu Ehren seines Vaters Zeus begründet habe. Die ersten Wettkämpfe lassen sich auf das Jahr 776 v. Chr. datieren, da die Namen der Sieger in Marmor gemeißelt wurden. Über zwölf Jahrhunderte fanden die Spiele alle vier Jahre im Sommer statt.

KEIN ZUTRITT FÜR FRAUEN
Griechenland schenkte der Welt die Demokratie, die aber nicht für die antiken Frauen galt, daher durften nur Männer an den Olympischen Spielen teilnehmen und zuschauen. Wer diese Regel verletzte, dem drohte die Todesstrafe. Eine Ausnahme bildeten lediglich Priesterinnen des Demetertempels.

NICHT NUR SPORT
Die antiken griechischen Olympischen Spiele vereinten Sport mit Kultur: Auch Schriftsteller und Dichter kamen von überall nach Olympia, wo einst der Gelehrte Herodot aus seinen *Historien* gelesen haben soll, in denen er die Ereignisse der ihm bekannten Welt beschrieb.

PAUSE NACH 1.500 JAHREN
146 v. Chr. nahm das Römische Reich schließlich Griechenland ein, aber die Olympischen Spiele blieben, mit einigen Änderungen, bestehen. 394 n. Chr. jedoch verbot Kaiser Theodosius I. alle heidnischen Feste, und später brannte aus unbekannten Gründen der Zeustempel ab, sodass die Spiele vorübergehend nicht stattfinden konnten.

OLYMPISCHER FRIEDEN
Um die kriegsgebeutelte Mittelmeerregion wenigstens kurzfristig zu beruhigen, vereinbarten die griechischen Herrscher während der Wettkämpfe Waffenruhe, da die Spiele als bedeutendes religiöses Fest angesehen wurden.

UNBEDECKTE BLÖSSE
Bei den antiken Olympischen Spielen galten nicht viele Regeln, eine jedoch besagte, dass der Gegner nicht in die Leistengegend getroffen werden durfte. Da die Sportler nackt kämpften, hätte ein Schlag »unter die Gürtellinie« zwar zu einem schnellen, aber schmutzigen Sieg geführt.

HEUTE SPORT, MORGEN ACKERBAU
Zu Beginn fanden Wettkämpfe nicht im Stadion statt, sondern auf einem Feld bei Olympia, auf dem zwischen den Turnieren Weizen wuchs. Mit zunehmender Beliebtheit der Spiele entstand an diesem Ort eine Arena, in der fast 40.000 Menschen Platz hatten.

DEN SIEGERKRANZ VOR AUGEN
720 v. Chr. gewann Akanthos von Sparta zwei von drei Wettkämpfen, indem er nackt lief. Seinem Beispiel folgend traten in den nächsten Jahren alle Athleten unbekleidet an.

KRIEG IST KRIEG, SPORT IST SPORT
480 v. Chr. versuchten griechische Stadtstaaten, einen Verbund ihrer Armeen zur Verteidigung gegen die Perser zu bilden. Weil aber viele Griechen zu den Spielen wollten, fanden sich bedeutend weniger Hellenen bei den Feldherren ein als gedacht.

PAUSE WEGEN OLYMPISCHER SPIELE

IM EINKLANG MIT DER SONNE
Die Olympischen Spiele fanden alle vier Jahre, orientiert am Vollmond nach der Sommersonnenwende, statt und dauerten zunächst fünf Tage. Davon war ein Tag den Wettkämpfen gewidmet, vier Tage den Opferzeremonien und öffentlichen Festessen.

ZUCKERBROT UND PEITSCHE
Die Sportlerdiät war nicht leicht einzuhalten: so viel Fleisch essen wie möglich – damals goldwert – und viel Wein trinken. Noch schwerer wogen aber die Strafen: Für das kleinste Vergehen wurden Athleten brutal mit einem Stock geschlagen, oder sie bekamen eine Geldstrafe auferlegt, die für den Bau einer neuen Bronzestatue von Zeus verwendet wurde.

BIS ZUM BITTEREN ENDE
Wenn sich ein Zweikampf in die Länge zog, hatten die Athleten die Möglichkeit, den Sieger anders zu bestimmen. Erst durfte der eine, dann der andere frei und ungehindert Schläge ausführen, wobei das Los darüber entschied, wer von beiden als Erster schlagen sollte.

NICHT ZU VIEL DER EHRE
Sieger bei den Olympischen Spielen ehrte man am ersten Tag mit einem Palmzweig, am letzten mit einem Kranz aus Ölbaumzweigen. Sofort sandte man die zähesten Läufer in die Heimat des Athleten, damit die Bevölkerung dem Sportler entgegenkommen und ihm eine Statue errichten konnte.

STARK IN KÖRPER UND GEIST
Der Philosoph Platon wurde zweimal Olympiasieger im Pankration, einer grausamen Art zu kämpfen. Es gab nur zwei Regeln: dem Gegner nicht die Augen auskratzen und nicht beißen.

AM ENDE SIEGT DOCH EINE FRAU
Kyniska, die Tochter des spartanischen Königs Archidamos II, nahm als erste Frau überhaupt an den 96. und 97. Olympischen Spielen teil und gewann im Wagenrennen. Sie ließ ihre Pferde mithilfe eines Wagenlenkers zum Wettkampf antreten. So entging sie selbst dem Tod und bekam eine Auszeichnung, da diese stets die Person erhielt, der die Pferde gehörten.

EHRE, WEM EHRE GEBÜHRT
Bei den ersten 13 Olympischen Spielen war der 192-m-Lauf die einzige Disziplin. Erst später kamen Läufe über verschiedene Distanzen sowie Fünfkampf, Faustkampf und Wagenrennen hinzu. Ausgezeichnet wurden jedoch die Pferdebesitzer, nicht die Wagenlenker.

WIR HABEN GESIEGT!

WETTLAUF MIT DEM TOD
Eine Legende besagt, dass 490 v. Chr. Pheidippides, ohne anzuhalten, von der griechischen Stadt Marathon nach Athen etwa 40 km gelaufen sei, um der Bevölkerung Athens die freudige Botschaft vom Sieg gegen die Perser zu überbringen. Am Ziel konnte er noch ausrufen: »Wir haben gesiegt!«, bevor er tot zu Boden fiel. Ihm zu Ehren ist der Marathonlauf heute olympische Disziplin.

DIE BESTEN DER BESTEN
Koroibos von Elis war der erste dokumentierte Olympionike. Er gewann den Wettkampf im Laufen. Den »Familienrekord« erreichten Diagoras von Rhodos sowie drei seiner Söhne und zwei Enkel, die im Faustkampf und Pankration antraten.

ATHEN
GRIECHENLAND, 1896

Zwischen den letzten antiken und den ersten neuzeitlichen Olympischen Spielen vergingen mehr als 1.500 Jahre. Pierre de Coubertin initiierte die Gründung des Internationalen Olympischen Komitees (IOC) und wollte den Wettkampf zum wichtigsten Ereignis des Jahres machen. Dies gelang für die griechische Bevölkerung – die meisten anderen Länder wollten keine offiziellen Vertreter entsenden. Der Löwenanteil der Teilnehmer bestand aus Einheimischen, Touristen oder Enthusiasten, die auf eigene Kosten anreisten. Die Olympischen Spiele von 1896 kamen für die Wiederbelebung der antiken Wettkämpfe ins Guinnessbuch der Rekorde.

Erfolgreichstes Land:
USA – 20   11   7   2

Medaillensieger:
Carl Schuhmann, Deutsches Reich, Turnen, Ringen   4

Anzahl Aktive / Länder:
241 / 14

Gesamt:
43 Medaillensätze in 9 Sportarten

TRÄUMER UND REFORMATOR

Baron Pierre de Coubertin reformierte mit 25 Jahren das französische Bildungssystem, indem er Sportunterricht einführte. Mit 29 schlug er in einer Vorlesung an der Sorbonne vor, die Olympischen Spiele wiederzubeleben. Die mutige Idee wurde 1894 wahr, als der erste Olympische Kongress in Paris endgültig beschloss, die ersten Olympischen Spiele der Neuzeit in Athen auszutragen.

ZU VIEL GELD GIBT ES NICHT

Griechenland war bereit, sich den antiken Ruhm zurückzuholen: Für die Spiele wurden 330.000 Drachmen (ca. 95.000 Euro) gespendet. Dank einer neu ausgegebenen Münzreihe kamen noch einmal 400.000 Drachmen (ca. 115.000 Euro) hinzu. Aus dem Verkauf von Eintrittskarten gab es einen Erlös von 200.000 Drachmen (ca. 58.000 Euro).

FRAUEN VERBOTEN

Zum ersten und letzten Mal in der Geschichte der neuzeitlichen Olympischen Spiele war es Frauen nicht erlaubt, an Wettkämpfen teilzunehmen. Diese Entscheidung traf Pierre de Coubertin selbst, trotz seiner Überzeugung, dass der olympische Sport jedem etwas zu bieten habe, »Männern, Frauen und Kindern«.

GRIECHENLAND – DIE HEIMAT DER OLYMPISCHEN SPIELE

Nach den Wettkämpfen wandten sich einige bedeutende Persönlichkeiten, darunter König Georg I., an das IOC und riefen dazu auf, auch die nächsten Spiele in Athen durchzuführen. Doch für 1900 waren sie schon in Paris geplant. Erst 108 Jahre später, 2004, kehrten sie nach Griechenland zurück.

NOCH EINMAL: ZU VIEL GELD GIBT ES NICHT

Die Großzügigkeit des griechischen Geschäftsmanns Georgios Averoff ist unübertroffen: Er spendete fast 1 Million Drachmen (heute knapp 290.000 Euro) für die Restaurierung des Panathinaiko-Stadions, des einzigen Stadions der Welt aus Marmor. Am Eingang der Arena steht Averoff zu Ehren ein Denkmal.

EIN MANN, VIELE MEDAILLEN

Der Turner Hermann Weingärtner aus Frankfurt (Oder) holte bei den Spielen mit sechs Medaillen die meisten: dreimal Gold, zweimal Silber und einmal Bronze. Weingärtner war Kaufmann und später Schwimmbadbetreiber in seiner Heimatstadt. Der erfolgreichste Sportler der ersten Olympischen Spiele der Neuzeit starb wahrscheinlich bei dem Versuch, einen Ertrinkenden aus der Oder zu retten.

»ES LEBE DIE NATION! ES LEBE DAS GRIECHISCHE VOLK!«

Mit diesen Worten beschloss König Georg I. von Griechenland die Eröffnungsfeier der Olympischen Spiele, die mit dem Tag der Unabhängigkeit Griechenlands zusammenfiel. Die Veranstaltung wurde dreimal teurer als geplant, obwohl es noch kein olympisches Dorf und keine besonderen Auszeichnungen für die Sportler gab.

ANTIKE GRIECHISCHE KUNST IN MODERNER FORM

Der Kugelstoßer Robert Garrett aus den USA erfuhr vor den Olympischen Spielen vom Wettbewerb im Diskuswerfen. Amerikanische Fachleute stellten ihm zum Trainieren einen Diskus her, der mehr als fünfmal so schwer war wie üblich. Garrett machte sich wenig Hoffnung auf einen Sieg, als ihm aber klar wurde, dass der echte Diskus viel leichter wäre als seiner, nahm er doch am Wettkampf teil. Mit seiner revolutionären horizontalen Wurftechnik holte er Gold.

ZWAR BEKLEIDET, ABER DENNOCH SIEGREICH

Als Erster nach Akanthos von Sparta revolutionierte der US-Amerikaner Thomas Burke den Sprint maßgeblich: Er machte auf 100 m und 400 m einen »Tiefstart«, womit er die Kampfrichter überaus verwirrte. Schließlich erlaubten sie dem Athleten jedoch, aus dieser »unbequemen« Position zu starten. Später machten es alle Läufer so.

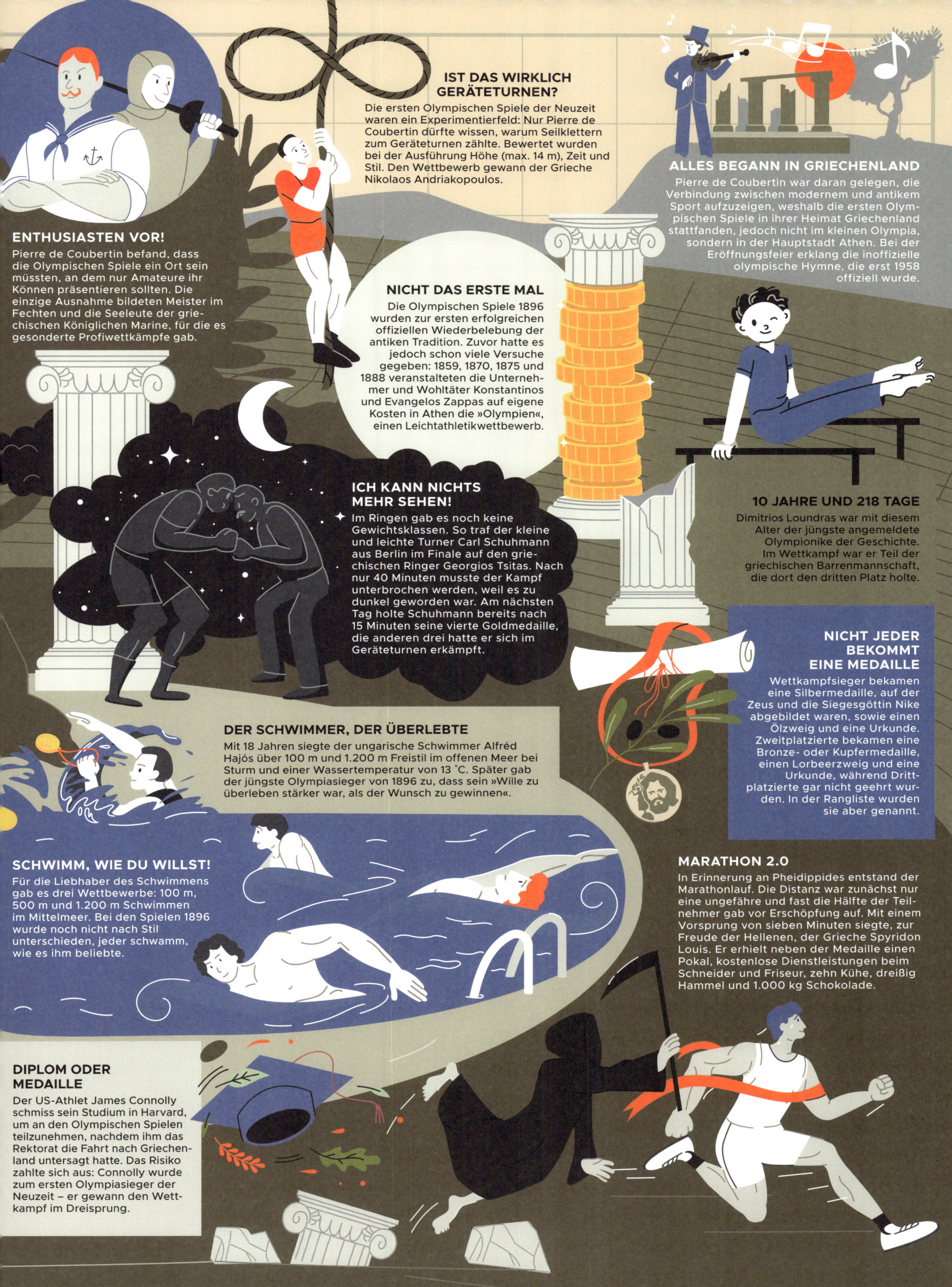

PARIS
FRANKREICH, 1900

»Chaos-Spiele«, so taufte die Presse die Spiele in Paris. Die Wettbewerbe waren nicht das wichtigste Ereignis, sondern nur ein Teil der Weltausstellung. Sie zogen sich fast über ein halbes Jahr als eine Reihe einzelner Turniere hin, zu denen sich alle anmelden konnten. Doch spontane Teilnehmerinnen und Teilnehmer wussten oftmals nicht, dass sie bei den Olympischen Spielen antraten. Zudem wurden die Sportereignisse vom neuen und noch immer provisorischen Eiffelturm »überschattet«, der im Jahre 1900 mehr als eine Million Besucherinnen und Besucher zählte.

Erfolgreichstes Land:
Frankreich – 111   30 43 38

Medaillensieger:
Alvin Kraenzlein, USA, Leichtathletik   4

Anzahl Aktive / Länder:
1226 / 26

Gesamt:
95 Medaillensätze in 19 Sportarten

DIE GESTOHLENEN SPIELE
Die griechische Presse beschimpfte den neuzeitlichen Olympiavater, Pierre de Coubertin, als »Verbrecher«, da er nicht alle Olympischen Spiele in Griechenland durchführen wollte, und rief zum Boykott der Spiele in Paris auf. Jedoch hatte drei Jahre vor dem Weltereignis der griechisch-türkische Krieg um die Insel Kreta begonnen und der griechischen Bevölkerung war nicht mehr nach Sport zumute.

AUF BEKANNTEN WEGEN ZUM SIEG
13 französische Marathonteilnehmer liefen anstelle der vorgegebenen Laufstrecke durch die Straßen von Paris. Man verdächtigte die Sportler des Betrugs: Sie hätten Heimvorteil gehabt, weil sie sich auskannten. Während die US-Athleten schlammverschmiert ins Ziel kamen, trafen die Läufer aus Frankreich ganz ohne Dreck auf der Kleidung ein – befleckt war lediglich ihr Ruf.

QUALITÄT ODER QUANTITÄT?
Die französische Mannschaft gewann im Medaillenspiegel 111 Auszeichnungen, nicht zuletzt, weil das Land mit 708 Sportlerinnen und Sportlern die meisten Teilnehmenden stellte. Gerade einmal 26 Länder entsandten Delegationen nach Paris, die zum Teil aus nur wenigen Personen bestanden.

KROCKET – EINE EINSAME ANGELEGENHEIT
Beim Krocket wird ein Ball mit einem speziellen hammerförmigen Schläger mit langem Griff in ein Tor befördert. 1900 wurde es zum ersten und letzten Mal in das Olympiaprogramm einbezogen. Nur ein Land beteiligte sich am Wettbewerb: Frankreich stellte drei Spielerinnen und sieben Spieler. Es wurde genau ein Ticket verkauft.

DIE WELTAUSSTELLUNG DER ZERPLATZTEN HOFFNUNGEN
Die Weltausstellungen zu Beginn des 20. Jahrhunderts waren sehr beliebt, deshalb hoffte Pierre de Coubertin, dass die Olympischen Spiele von der *Exposition universelle* stark profitieren würden. Doch diese Rechnung ging nicht auf. Fünfzig Millionen Menschen kamen zur Weltausstellung, aber die zeitlich gestreckten Spiele verloren sich vor diesem Hintergrund.

IN EINEM AFFENZAHN
Der US-Amerikaner Alvin Kraenzlein war der Erste, der in allen vier der damaligen Leichtathletikwettbewerbe Gold holte: 60-m-Lauf, 110-m- und 200-m-Hürdenlauf, Weitsprung. Er war der Begründer der noch heute verwendeten Hürdentechnik. Nach den Spielen arbeitete er als Zahnarzt und später als Trainer des deutschen Leichtathletikteams.

HIER BEKOMMT MAN WAS GEBOTEN!
Das Organisationskomitee versuchte, aus den Spielen eine echte Show zu machen. Daher gab es im Programm auch – aus heutiger Sicht – seltsame Sportarten, wie Pelota (ähnlich wie Squash), Tauziehen oder 200-m-Hindernisschwimmen, wobei zwei Hürden überwunden und unter einer dritten hindurchgetaucht werden musste.

ST. LOUIS
USA, 1904

Die Wettkämpfe in St. Louis wurden auch »die Olympischen Spiele, die man besser vergisst« genannt. Zum ersten Mal fand Olympia außerhalb Europas statt, war aber erneut in eine Weltausstellung eingebettet, was zulasten des Sports ging. Zudem blieben die Spiele eine fast ausschließlich nordamerikanische Meisterschaft, weil nur wenige Athletinnen und Athleten den eisigen Atlantik und den brandgefährlichen Pazifik, in dem der russisch-japanische Krieg tobte, mit dem Schiff überqueren konnten.

Erfolgreichstes Land:
USA – 239   78 82 79

Medaillensieger:
Anton Heida, USA, Geräteturnen   5 1

Anzahl Aktive / Länder:
651 / 12

Gesamt:
95 Medaillensätze in 16 Sportarten

SPORT ÜBER BORD
Zunächst war die sogenannte »Stadt der Winde« Chicago zum Austragungsort bestimmt worden, doch das Organisationsteam der Weltausstellung in St. Louis verlangte, Olympia ebenfalls an diesen Ort zu verlegen, damit keine Konkurrenz entstand. Pierre de Coubertin bestätigte später in einem vertraulichen Telegramm, dass es in Chicago keinen Wettbewerb geben werde.

MEISTERSCHAFT DER USA
Der erste Flug über den Atlantik erfolgte erst 1919. Vorher gelangten Teilnehmende nur über das Meer in die USA. So wurde Olympia mit über 80 % US-amerikanischer Athletinnen und Athleten beinahe zu einer nationalen Meisterschaft.

BETRUG IN DER LINKEN ECKE!
Um die Kampfrichter auf seine Seite zu ziehen, meldete sich der Boxer James Bollinger unter dem Namen des in St. Louis damals berühmten Boxers Carroll Burton zum Wettkampf an. Bollinger gewann sogar einen Kampf, doch der Betrug flog auf und als Hochstapler wurde er sofort disqualifiziert.

TAUCHEN WIE AMPHIBIEN
Mit dem Kopf voran und mit angelegten Armen tauchten die Sportler beim Kopfweitsprung ins Wasser und mussten, ohne Schwimmbewegungen zu machen, innerhalb einer Minute so weit wie möglich gleiten. Bei dieser Form des Streckentauchens gab es fünf Teilnehmer, allesamt aus den USA. Mit 19,05 m gewann William Dickey.

WO EIN WILLE IST, IST AUCH EIN WEG
Innerhalb eines Tages gewann der US-Amerikaner George Eyser sechs Medaillen: drei goldene im Pferdsprung, Seilklettern und am Barren, zwei silberne am Seitpferd und im Einzelmehrkampf, bestehend aus vier Disziplinen, sowie eine bronzene am Reck. Und das, obwohl er eine Beinprothese aus Holz trug.

REIFEN ALS ACHILLESFERSE
Marcus Hurley von der New Yorker Columbia-Universität gewann im Radsport vier von sieben Wettbewerben. Über die Strecke von 2 Meilen holte er »nur« Bronze, weil ihm seine Reifen zum Verhängnis wurden und er in der letzten Kurve auf der Aschenbahn wegrutschte.

GIFTIGES DOPING
Thomas Hicks aus den USA wurde während des Marathons übel. Zweimal bekam er von seinem Trainer eine Mischung aus Eiweiß und Strychnin, einer gefährlichen Substanz, die zum Tod führen kann. Hicks gewann jedoch, auch wenn er hinter der Ziellinie entkräftet zusammenbrach. Dies war der erste dokumentierte Dopingfall bei einem olympischen Wettbewerb.

BUNTE HUNDE
Étienne Desmarteau aus Kanada gewann im Gewichtweitwurf und der Ire Tom Kiely holte Gold im Zehnkampf. Sie waren die einzigen Sportler, die nicht aus den USA stammten und in Leichtathletikwettbewerben die höchste Auszeichnung erhielten. US-Sportler holten 23 Goldmedaillen.

GUT ERHOLT ZUM BETRUG
Der US-Amerikaner Frederick Lorz bekam nach 15 Kilometern einen Krampf, fuhr ein Stück der Marathonstrecke im Begleitauto mit und lief anschließend aus eigener Kraft ins Ziel ein. Alice Roosevelt, die Tochter des damaligen US-Präsidenten, würdigte den »Champion« bereits, als der Schwindel auffliег.

LONDON
GROSSBRITANNIEN, 1908

Die Olympischen Spiele in London zeigten den alten Glanz des Vereinigten Königreichs. Sportlerinnen und Sportler aus aller Welt versammelten sich, um vor den Augen von King Edward VII. um olympisches Gold zu kämpfen. Zunächst waren die Spiele in Rom geplant, doch davon nahm man 1906 wieder Abstand. Es gab entscheidende wirtschaftliche Schwierigkeiten, nachdem der Vesuv ausgebrochen und mehr als 100 Menschen ums Leben gekommen waren.

Erfolgreichstes Land:
Großbritannien – 146

Medaillensieger:
Melvin Sheppard, USA, Leichtathletik 3
Henry Taylor, Großbritannien, Schwimmen 3

Anzahl Aktive / Länder:
2.008 / 22

Gesamt:
110 Medaillensätze in 22 Sportarten

EINE FLAGGE MUSS SEIN!
Zum ersten Mal trugen die Teams bei der Eröffnungsfeier Nationalflaggen. Als der US-Fahnenträger die Loge von King Edward VII. passierte, senkte er seine Flagge nicht. Es blieb unklar, ob er sich dafür rächen wollte, dass die Briten keine US-Fahne im Stadion gehisst hatten oder weil die USA als ehemalige britische Kolonie dem Monarchen bei den Spielen keine Ehre erweisen wollten.

TAUZIEHENDE POLIZISTEN
Im Tauziehen traten drei Teams aus Großbritannien sowie je eins aus Schweden und den USA gegeneinander an. Zwei der britischen Teams bestanden aus Londoner Polizisten und eins aus Liverpooler Polizisten. Diese drei waren es auch, die im Turnier die Medaillen errangen. Das alles verlief nicht ohne Protest, denn die Polizisten trugen Stiefel mit Nägeln und Stahlkappen, obwohl die Regeln solche Schuhe nicht erlaubten.

UNABHÄNGIGER ERFOLG
Australien und Neuseeland bekamen als ehemalige britische Kolonien 1901 und 1907 den Status sogenannter »Dominions«. Für die Spiele 1908 vereinten sie sich zum Team »Australasien« und holten fünf Medaillen: Gold im Rugby, Silber im Boxen, Silber und Bronze im Schwimmen und Bronze im Gehen. 1912 traten die Länder in Stockholm zum letzten Mal gemeinsam an.

STÖRENDE HOSEN
Beim Hochsprung waren dem Franzosen Georges »Géo« André die damals üblichen weiten Sporthosen im Weg. Sie verhinderten seinen Sieg, da er mit ihnen hängen blieb und so die Latte riss. André kam auf Platz 2, obwohl er gute Chancen auf Gold gehabt hatte. Der vierfache Olympiateilnehmer und militärische Jagdflieger kam im Zweiten Weltkrieg als Infanterist um.

MARATHON FÜRS KÖNIGSHAUS
Weil die Länge der Marathonstrecke nicht exakt festgelegt war, lief man bei früheren Spielen etwa 40 km oder etwas mehr. In London führte die Strecke von Schloss Windsor zur Ziellinie direkt vor der königlichen Loge, wo auch alle anderen Laufwettbewerbe endeten. Die Engländer vermaßen alles sehr genau, deshalb wurde die Entfernung von 42,195 km ab 1924 zur offiziellen Laufstrecke. Diese Distanz gilt noch heute.

VOLL INS NETZ!
Zum ersten Mal fand das Fußballturnier nicht mit Vereins-, sondern mit Nationalmannschaften statt. Sechs Mannschaften aus fünf Ländern nahmen teil, Frankreich schickte sogar zwei Teams, von denen eines mit 1:17 haushoch gegen Dänemark verlor. Dieses Match war das torreichste in der olympischen Geschichte. Das Vereinigte Königreich, das auf dem Weg ins Finale Schweden mit 12:1 schlug, gewann das erste offizielle olympische Fußballturnier.

200 M FÜR DIE ERSTEN BEIDEN
Schon bei den antiken Olympischen Spielen gab es Läuferstaffeln. Besonders beliebt war »Lampadedromia«, ein Staffellauf mit brennenden Fackeln zu Ehren der Götter des Feuers. Sie mussten ins Ziel gebracht werden, ohne zu erlöschen. Ab 1908 war Staffellauf wieder olympisch. Bei einer Variante liefen die ersten beiden Teilnehmer 200 m, der dritte 400 m und der vierte 800 m.

EIN STADION FÜR HUNDE
Im »White City Stadium« hatten 93.000 Menschen Platz. In weniger als einem Jahr vor den Spielen wurde es gebaut. Darin gab es erstmals auch ein Schwimmbecken. Zuvor wurden die Schwimmwettbewerbe in offenen Gewässern ausgetragen. Nach den Olympischen Spielen stand es einige Zeit leer, dann fanden darin Stockcar- und Motorradrennen, Windhundrennen und Rugbyspiele statt. 1966 war das Stadion ein Austragungsort der Fußball-WM und 1985 riss man es ab.

NICHT PERFEKT, ABER AUCH NICHT MISERABEL

676 Sportlerinnen und Sportler repräsentierten Großbritannien bei den Spielen in London. Das waren mehr Athletinnen und Athleten als insgesamt 1904 in St. Louis. Obwohl sich die Wettkämpfe wieder über ein halbes Jahr erstreckten und parallel zur »Franco-British Exhibition« stattfanden, störte diese Ausstellung diesmal nicht, und die Spiele wurden ein Ereignis von internationaler Bedeutung.

DER LÄUFER MIT DEM OCHSENHERZ

Melvin Sheppard wollte von klein auf Polizist werden, doch weil er ein zu großes Herz hatte, wurde er nicht angenommen. (In der Medizin wird auch von Ochsenherz, Cor bovinum, gesprochen.) Dafür wurde dem US-amerikanischen Athleten in London internationale Anerkennung zuteil, als er im 800-m- und 1.500-m-Lauf sowie in der olympischen Staffel Gold holte. Eine weitere Goldmedaille gewann Sheppard 1912 in Stockholm.

WENN NICHT WIR, DANN KEINER

Im Radsport holten die Franzosen Maurice Schilles und André Auffray Gold im Tandemfahren. Schilles wurde auch im Sprint Erster, doch die Kampfrichter annullierten das Rennen, weil das Zeitlimit überschritten wurde. So wurde keine Medaille vergeben. In den übrigen Rennen gingen die Goldmedaillen an britische Radsportler.

MENSCHLICHER ANTRIEB STATT MOTOR

Zum ersten und letzten Mal gab es Motorbootrennen bei Olympischen Spielen. Ein Teil der Rennen wurde wegen schlechten Wetters abgesagt. Das Publikum konnte kaum sehen, wie die Boote mit 30,5 km/h übers Wasser »flogen«. Schließlich verbot die Olympische Charta Disziplinen, bei denen nicht Menschen, sondern Motoren gegeneinander antraten.

STOLZ ZUM SCHWIMMREKORD

Der britische Schwimmer Henry Taylor war der Star der Londoner Spiele: Er holte dreimal Gold (über 400 m und 1.500 m Freistil sowie mit der 4 x 200-m-Staffel) und stellte als erster Athlet in gleich drei Disziplinen Weltrekorde auf.

EIS IM SOMMER?

16 Jahre vor den ersten Olympischen Winterspielen gab es in diesem Jahr vier Eiskunstlaufdisziplinen: Einzelwettbewerbe der Damen und Herren, einen Spezialfigurenwettbewerb der Männer und Paarlaufen. Zum ersten Mal waren Wintersportarten ins Programm von Sommerspielen aufgenommen worden und ebenfalls zum ersten Mal traten Frauen, Männer und Paare in derselben Sportart an.

MITEINANDER GEGENEINANDER

Die Olympischen Spiele wurden beliebter, doch für manche Mannschaftssportarten fehlten Teilnehmende aus verschiedenen Ländern. Das Organisationskomitee trickste deshalb ein wenig: Beim Hockey gewann England Gold, Irland Silber, Schottland und Wales holten Bronze – obwohl alle vier Verbände zum Vereinigten Königreich gehörten.

»ALTER SCHWEDE!«

Oscar Swahn trat mit sechzig erstmals bei Olympischen Spielen an und holte im Schießen zwei Gold- und eine Bronzemedaille. Der Schwede war jedoch keineswegs der älteste Olympiasieger – der Ire Joshua Milner, ebenfalls Sportschütze, war sogar 61 Jahre alt.

DRAMATISCHE LETZTE METER

Kurz vor Ende des Marathonlaufs kam es zu dramatischen Szenen: Der führende Charles Hefferon aus Südafrika trank Sekt auf der Strecke und bekam Magenkrämpfe. Er verlor seine Spitzenposition. Der Italiener Dorando Pietri lief hinter ihm, doch vor Erschöpfung verlor er die Orientierung, taumelte und musste ins Ziel geleitet werden. Wegen Hilfestellung wurde er disqualifiziert. Stattdessen gewann John Hayes aus den USA. Weltruhm erlangte allerdings Pietri.

AUSGEBREMST VON DEN USA

Der Schotte Wyndham Halswelle, Favorit im 400-m-Lauf, wurde von einem US-Konkurrenten blockiert. Die Kampfrichter erklärten das Rennen für ungültig und setzten eine Wiederholung an. Der US-Athlet wurde dafür disqualifiziert, die übrigen Läufer aus den USA solidarisierten sich mit ihm und traten nicht noch einmal an, sodass Halswelle das Rennen allein lief und Gold bekam.

WORTE, DIE BLEIBEN

»Wichtig ist nicht der Sieg, sondern der Wettbewerb.« (Meist verkürzt zu »Dabei sein ist alles.«) Dieses legendäre Zitat, das oft Pierre de Coubertin zugeschrieben wurde, stammte gar nicht von ihm. Der Begründer der olympischen Bewegung hatte die Worte aus einer Predigt von Bischof Ethelbert Talbot aus Pennsylvania übernommen, die dieser nach Pietris Disqualifizierung gehalten hatte. Der italienische Marathonläufer war kurz vor dem Ziel wegen fremder Hilfe, die er nicht wollte, ausgeschieden.

STOCKHOLM
SCHWEDEN, 1912

Die Presse bezeichnete die Spiele 1912 als »Schwedische Meisterleistung«. Nur zwei Jahre vor Beginn des Ersten Weltkriegs, als die Weltlage höchst angespannt war, gelang es Schweden, 28 Länder aus fünf Kontinenten in Stockholm zu versammeln. Für zweieinhalb Monate waren die unterschiedlichsten Positionen vereint. Vor dem großen »Sturm«, der Millionen Menschenleben kostete, wurden die Olympischen Wettbewerbe zu einem globalen Sportereignis.

Erfolgreichstes Land:
USA – 64   26 19 19

Medaillensieger:
Vilhelm Carlberg, Schweden, Schießen   3 2

Anzahl Aktive / Länder:
2.407 / 28

Gesamt:
102 Medaillensätze in 14 Sportarten

FAIRNESS IST WICHTIG

Im Fünfkampf und Zehnkampf holte der US-Amerikaner Jim Thorpe (Wa-Tho-Huk) mit so großem Vorsprung Gold, dass Schwedens König ihn als »herausragendsten Sportler der Welt« bezeichnete. Das IOC erkannte ihm die Medaille aber 1913 ab, weil er professionell Baseball spielte. Allen Teilnehmenden war so etwas streng verboten. Erst 1982 wurde dieses Unrecht ausgeglichen. Thorpes Kindern wurden 1983 Nachbildungen seiner Goldmedaillen überreicht.

AM GELD SOLL ES NICHT HAPERN

Pierre de Coubertin achtete vor allem darauf, dass die Bewerberstädte die finanziellen Mittel zur Austragung der Spiele hatten. Er befürchtete, es könnte sonst kommen wie mit Rom: Italien musste die Spiele 1908 absagen, weil nicht genügend Geld vorhanden war. Knapp ein Jahr nach den Spielen in London ging die Zusage an die hoch entwickelte Industrienation Schweden.

UNGEZÜGELTES HUFGETRAPPEL

Zum ersten Mal waren die modernen Reitwettbewerbe Dressur, Springreiten und Vielseitigkeit olympisch. Dabei gewann Schweden vier von fünf möglichen Goldmedaillen. Lediglich im Einzel-Springreiten setzte sich der Franzose Jacques Cariou durch.

HIGHTECH SKANDINAVISCHER ART

Schweden war bekannt für den Export von genauen Messgeräten und Radarausrüstung. In Stockholm 1912 wurde die automatische Zeiterfassung eingeführt, das Fotofinish, Anzeigesysteme und -tafeln, und erstmals verkaufte das Organisationskomitee exklusive Rechte für die Verbreitung von Fotos.

SCHNELL INS TROCKENE

Während des Schießwettbewerbs schüttete es plötzlich wie aus Eimern, doch das Turnier wurde nicht abgebrochen. Schnell wurde ein Zelt aufgestellt, das nur die Schweden benutzen durften. Sie erkämpften sich sieben goldene, sechs silberne und vier bronzene Medaillen.

SCHÜTZENKÖNIGE

Mit 17 Medaillen bewies Schweden der Welt, dass die besten Schützen aus ihrem Land kamen. Vilhelm Carlberg, Offizier der schwedischen Armee, wurde mit drei Gold- und zwei Silbermedaillen der am häufigsten ausgezeichnete Olympiasieger. Sein Zwillingsbruder Eric holte ebenfalls im Schießen zweimal Gold und zweimal Silber. Zusätzlich trat er auch im Fechten und im Fünfkampf an.

FAST EINEN GANZEN TAG IM RING

Die Welt erlebte in Stockholm den längsten Ringkampf der Olympiageschichte. Das Halbfinale im griechisch-römischen Stil zwischen Martin Klein aus Estland, der für die russische Mannschaft antrat, und dem Finnen Alfred Asikainen, dessen Land ebenfalls zum Russischen Reich gehörte, aber unter eigener Flagge antrat, dauerte 11 Stunden und 40 Minuten. Klein gewann, war aber zu geschwächt, um im Finale am nächsten Tag anzutreten. Kurz darauf wurden die Regeln geändert.

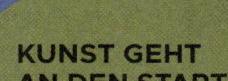

IN LUFT AUFGELÖST

Der Japaner Kanaguri Shisō verlor während des Marathons vor Erschöpfung das Bewusstsein, lief nicht bis ins Ziel und verschwand vom Radar des IOC. Erst 1967 entdeckte ihn die schwedische Presse und schlug ihm vor, das Rennen zu beenden. Shisō setzte das unterbrochene Rennen fort und kam mit der längsten Marathonzeit der Welt ins Guinnessbuch der Rekorde: 54 Jahre, 8 Monate, 6 Tage, 5 Stunden, 32 Minuten und 20,3 Sekunden.

KUNST GEHT AN DEN START

Es gab zum ersten Mal Wettbewerbe in Literatur, Musik, Malerei, Bildhauerei und Architektur. Unter dem Pseudonym »Georges Hohrod und M. Eschbach« erhielt Baron de Coubertin Gold für die »Ode an den Sport«. Sie stehe für die »Trennung von Sport und Politik«, denn zwei Jahre vor dem Ersten Weltkrieg waren die Beziehungen zwischen Frankreich und Deutschland überaus angespannt.

EIN LÖWE ZEIGT SEINE STÄRKE

In Stockholm 1912 gab es zwölf Sportarenen, weshalb einige Wettbewerbe zeitgleich stattfanden. Für das Fußballturnier wurden drei Stadien genutzt und damit zum ersten Mal mehr als ein Austragungsort. Genauso machte man es bei den nächsten Spielen. 25.000 Menschen verfolgten, wie Großbritannien im Finale Dänemark schlug und seinen Erfolg von 1908 wiederholte.

TÖDLICHE ANGST VOR DER SONNE

Der Marathonläufer Francisco Lázaro aus Portugal rieb sich vor dem Start fast den gesamten Körper mit Wachs ein, um nicht zu schwitzen. Bei Kilometer 30 brach er völlig überhitzt zusammen und starb am nächsten Tag. Insgesamt erreichte nur die Hälfte der 68 Läufer bei der Hitze das Ziel.

DIE DUNKLE SEITE DER SCHIEDSRICHTER

Trotz aller technischer Errungenschaften gab es in Stockholm 1912 so viele Proteste gegen unfaire Schiedsrichterentscheidungen, dass das IOC eins seiner Mitglieder, Baron von Venningen, mit einer Untersuchung beauftragte. Auf fast 60 Seiten wurden die Ergebnisse ein Jahr später präsentiert, doch das Organisationsteam der Spiele wies alle Vorfälle zurück.

ZUM WETTBEWERB WIRD ALLES MÖGLICH

Die Spiele erreichten ein neues Niveau. Das Organisationskomitee versuchte, mehr Aktive aus der ganzen Welt anzulocken: Sportausrüstung wurde kostenlos transportiert, Sportlerinnen und Sportler bekamen 50 % Preisnachlass auf Zugfahrten, eine olympische Tageszeitung erschien auf Englisch und Schwedisch, neben dem Stadion eröffnete ein Vergnügungspark und überdachte Tennisplätze wurden zu Restaurants umgebaut.

DER ERSTE »FLIEGENDE FINNE«

Der Läufer Hannes Kolehmainen brachte Finnland drei von neun Goldmedaillen und eine silberne. Das Land kam so auf Platz 4 im Medaillenspiegel. In Helsinki 1952 wurden für den wichtigsten Teil der Eröffnungsfeier zwei legendäre finnische Sportler ausgewählt. Paavo Nurmi trug die Fackel ins Stadion und übergab sie an Hannes Kolehmainen, der das olympische Feuer entzündete.

HEISSE LETZTE METER AUF DER 5.000-M-STRECKE

Weil er das Halbfinale souverän gewonnen hatte, galt der Franzose Jean Bouin für die 5.000 m als Favorit. Er rechnete mit Gold im Finale. Stattdessen lieferte er sich ein Duell mit dem Finnen Hannes Kolehmainen: In der letzten Runde wechselten sie 17-mal die Spitzenposition und der Franzose unterlag dem Finnen mit einer Hundertstelsekunde. Kolehmainen überholte ihn auf den letzten 20 Metern. Der fassungslose Bouin schenkte dem Sieger sein Trikot.

EIGENE »HAUSREGELN«

Erst 1924 gab es Olympische Winterspiele, doch Eissportarten hatten hier und da schon vorher Eingang ins Sommerprogramm gefunden. Obwohl Eiskunstlauf bereits in London 1908 erfolgreich war, wurde er in Stockholm nicht zugelassen und 1913 in die Nordischen Spiele »verschoben«. Auch Boxen interessierte in Schweden niemanden und wurde aus dem Programm genommen.

WENN SCHON, DENN SCHON!

In Stockholm plante man zunächst den Bau eines Stadions aus Holz. Dann entschloss man sich aber zu einer Arena aus Ziegelstein, die um ein Vielfaches teurer war. Mithilfe einer nationalen Lotterie konnten die Kosten gedeckt werden. Als Gewinn lockten 1 Million Kronen. Die Arena wird bis heute genutzt.

TAUZIEHEN

In letzter Minute sagten Österreich, Tschechien und Luxemburg ihre Teilnahme am Tauziehen ab. Damit verblieben nur zwei Teams: Großbritannien und Schweden. Sie standen also direkt im Finale. Im britischen Team demonstrierten Polizisten ihre Kraft. Bei den Schweden waren es ebenfalls Polizisten und ein Fischer. Die Schweden besiegten die Goldmedaillengewinner von 1908.

BERLIN
DEUTSCHES REICH, 1916

Am 28. Juli erklärte Österreich-Ungarn Serbien den Krieg. Und kurz darauf Deutschland Russland. So begann der Erste Weltkrieg, der sich auf 38 Länder erstreckte. Er ging als Stellungskrieg in die Geschichte ein. Länder, die verloren oder Gebiete abtreten mussten: Deutschland, Österreich-Ungarn, Bulgarien, Türkei und Russland. Anzahl der Opfer insgesamt: 15–20 Millionen Menschen.

Abgesagt wegen des Ersten Weltkriegs.

»HEIL«
Extra für die Olympischen Spiele baute man im Inneren einer Berliner Pferderennbahn das Deutsche Stadion für 33.000 Menschen. Es wurde am 8. Juni 1913 im Rahmen der großen Feier zum 25. Thronjubiläum des letzten deutschen Kaisers Wilhelm II. eröffnet. Fast eine Stunde waren »Heil«-Rufe zu hören und Wilhelm salutierte eifrig zurück.

SCHRÖDINGERS SPIELE
Die Spiele 1916 waren die ersten, die in der zwanzigjährigen Geschichte der neuzeitlichen Olympischen Spiele abgesagt wurden. Da der IOC-Präsident Pierre de Coubertin die »Einigkeit der olympischen Bewegung« trotz allem bewahren wollte, behielt man die fortlaufende Zählung bei. Genauso lief es mit den Spielen 1940 und 1944, die aufgrund des Zweiten Weltkriegs abgesagt wurden.

EIN KRANKES HERZ
Als der Erste Weltkrieg ausbrach, begab sich der französische Läufer Jean Bouin, Silbermedaillengewinner von 1912 und mehrfacher Rekordhalter, zur Einberufungsstelle. Wegen seiner Herzerkrankung bot man ihm an, im Hinterland zu bleiben und Soldaten auszubilden, doch Jean blieb unbeirrt. Er starb an Splitterverletzungen während der Schlacht an der Marne.

ES WIRD KEIN WUNDER GEBEN
Wegen seiner Kraft nannte man den 19-jährigen Heinrich Schneidereit »The German Wonderboy«. Bei den Zwischenspielen 1906 in Athen hatte er mit seiner Mannschaft Gold im Tauziehen und Bronze im ein- und im beidhändigen Gewichtheben geholt. 1915 starb Schneidereit nach einer Verwundung in einem Kriegslazarett.

PFERDEFLEISCH VON DER FRONT
Im Lager trieb Harry Edward weiter Sport und wurde Schauspieler in einer Theatergruppe, den alltäglichen Qualen, Grausamkeiten und dem Sterben zum Trotz. Das Essen verschlechterte sich; doch immerhin gab es manchmal Pferdefleisch von der Front, wenn Tiere umgekommen waren. Es wurde eingelegt und in die Lager geschickt.

PFERDESTÄLLE ALS GEFÄNGNIS
Das Deutsche Stadion wurde zu Kriegsbeginn geschlossen und in seinen Nebengebäuden ein Lazarett eingerichtet. Zeitgleich befand sich in der benachbarten Pferderennbahn ein Lager, in dem mehrere Tausend Ausländer während des Krieges gefangen genommen und ihrer Rechte beraubt wurden. In Pferdeboxen hielt man je sechs Personen fest.

WENIGE STUNDEN DES TRIUMPHS
Einer der Gefangenen war der erst 16-jährige britische Leichtathlet Harry Edward. Am 28. Juni 1914 nahm er an einem Leichtathletikwettbewerb im Deutschen Stadion teil. Beim 100-m-Lauf unterlag er dem damaligen deutschen Meister, doch die 200 m gewann er.

BRÜDER BEI DEN SPIELEN UND IM KRIEG
Die britischen Zwillinge Christopher und Noel Chavasse hatten bei den Spielen 1908 am 400-m-Lauf teilgenommen. Im Ersten Weltkrieg wurde Christopher Militärseelsorger und Noel Militärarzt. Beide Brüder wurden mit dem Militärkreuz ausgezeichnet. 1916 erhielt Noel die höchste britische Auszeichnung, das Victoria-Kreuz, dafür, dass er in nur zwei Tagen zwanzig Leben gerettet hatte. Ein Jahr später wurde er nahe der belgischen Stadt Ypern tödlich verwundet.

VOM SIEGERTREPPCHEN AUF DIE BÜHNE
In Antwerpen gewann Harry Edward 1920 Bronze auf 100 m und 200 m und war damit der erste schwarze Leichtathlet und Olympiamedaillengewinner Großbritanniens. Danach leitete er ein New Yorker Theater, an dem er mit dem amerikanischen Regisseur Orson Welles zusammenarbeitete und *Macbeth* zum ersten Mal mit schwarzen Schauspielerinnen und Schauspielern besetzte.

FRAUENANGELEGENHEITEN

Frauen spielten in England aktiv Fußball. Sie benannten ihre Teams nach den Fabriken, in denen sie arbeiteten. Weihnachten 1917 spielten die Frauenwerksmannschaften *Dick, Kerr Ladies F.C.* und *Coulthards* gegeneinander. 10.000 Menschen sahen das Spiel. So wurden 600 Britische Pfund (heute fast 44.500 Euro) gesammelt, die für die Behandlung von Kriegsverletzten gespendet wurden.

SOMMER? HOL DEN SCHLITTEN RAUS!

Zum ersten Mal sollte es bei Olympischen Spielen eine Wintersportwoche geben – im Schwarzwald. Angedacht waren Eiskunstlauf, Eishockey, Ski alpin (Abfahrt), Langlauf, Nordische Kombination und Eisschnelllauf. Die Idee wurde allerdings erst acht Jahre später mit den ersten Olympischen Winterspielen im französischen Chamonix umgesetzt.

IM SPORT VEREINT, IM KRIEG ENTZWEIT

1913 präsentierte Pierre de Coubertin das Logo der Olympischen Spiele: fünf ineinander verschlungene verschiedenfarbige Ringe. Sie symbolisierten die fünf bevölkerten Kontinente, die der Sport vereinte: Afrika, Amerika, Asien, Europa und Ozeanien. Bei den Spielen in Berlin 1916 sollten eigentlich Fahnen mit diesen Ringen gehisst werden.

SCHNELLER ALS DIE EISENBAHN

Der Serbe Dragutin Tomašević war ein angeblich so schneller Läufer, dass er einen Zug auf der 40 km langen Strecke zwischen Požarevac und Petrovac na Mlavi um mehrere Minuten schlug. 1912, bei der ersten Olympiateilnahme Serbiens, trug er in Stockholm stolz die serbische Flagge. Im Oktober 1915 wurde Sergeant Tomašević in der Nähe von Požarevac tödlich verwundet.

ERSTER TENNIS-SUPERSTAR

Der Neuseeländer Anthony Wilding übte sich von klein auf im Tennisspiel auf den Plätzen seiner vermögenden Familie. Anfang des 20. Jahrhunderts wurde er zur Nummer 1. Er siegte im Davis Cup, in Wimbledon und holte 1912 in Stockholm Olympiabronze. Hauptmann Wilding fiel 1915 in der Schlacht von Aubers Ridge in Frankreich.

WAFFENRUHE AN DER WESTFRONT

Nach sechs ermüdenden Kriegsmonaten kletterten kurz vor Weihnachten 1914 deutsche und britische Soldaten aus ihren Schützengräben nahe der belgischen Stadt Ypern und gingen aufeinander zu. Sie schüttelten einander die Hände, teilten Essen und Zigaretten und ... spielten Fußball. Diese Stunden der Waffenruhe gingen als »Weihnachtsfrieden« in die Geschichte ein.

KRIEGSSPIELE

Trotz des Kriegs fanden im Juni 1916 Sportwettbewerbe im Deutschen Stadion statt. Die meisten der 2.000 Aktiven kamen dafür zu einem Kurzaufenthalt von der Front. Das Programm war an die kriegerischen Zeiten angepasst und enthielt unter anderem Handgranatenwerfen sowie einen 75-m-Sturmlauf über einen Hindernisparcours, bei dem fünfzig Schüsse mit verschiedenen Gewehren abgegeben werden mussten.

AUSFLUG AUF DAS SCHLACHTFELD

Die 14-jährige Aileen Riggin aus den USA, 1920 Olympiasiegerin im Wasserspringen in Antwerpen, erinnerte sich später in einem Interview: »Nach den Spielen besuchten wir ein Schlachtfeld bei Ypern. Um uns herum lagen jede Menge Stiefel von den Deutschen. Ich hob einen auf und darin war ein Fuß – ich warf ihn schnell wieder weg. Der Fuß war schon verfault ...«

ZUR ERINNERUNG

Der Engländer Reggie Pridmore hatte bei den Spielen 1908 in London im Rasenhockey zehn Tore geschossen und sein Team holte Gold. Zehn Jahre später fiel er bei Venedig im Kampf gegen Österreich-Ungarn. Das Holzkreuz auf seinem Grab versahen Kameraden mit der Aufschrift »Tapferster Sportler und Gefährte«.

ANTWERPEN
BELGIEN, 1920

Der Erste Weltkrieg war seit anderthalb Jahren zu Ende. Die europäischen Länder waren nach den Zerstörungen mit dem Wiederaufbau beschäftigt. Als Zeichen des Respekts vor dem Leid Belgiens während des Kriegs wurde Antwerpen als Austragungsort der Olympischen Spiele ausgewählt. Obwohl Deutschland und seine Verbündeten (Österreich, Bulgarien, Ungarn sowie das Osmanische Reich) bereits neue Regierungen hatten, wurden diese Länder nicht zu den Spielen 1920 eingeladen. Aus dem sowjetischen Russland nahmen ebenfalls keine Sportlerinnen und Sportler teil, denn der Russisch-Polnische Krieg dauerte noch an. Sir Theodore Cook, ein britisches IOC-Mitglied, beschrieb diese Olympischen Spiele als »Leichenspiele in Erinnerung an die im Ersten Weltkrieg Gefallenen«.

Erfolgreichstes Land: USA – 95   41   27   27
Medaillensieger: Willis Lee, USA, Schießen   5   1   1
Anzahl Aktive / Länder: 2.622 / 29
Gesamt: 156 Medaillensätze in 22 Sportarten

»MIT DEN TOTEN« NACH ANTWERPEN
Aus den USA kamen 288 Sportlerinnen und Sportler mit einem Schiff zu den Spielen, das zuvor 1.800 Leichen gefallener US-Soldaten transportiert hatte. Die Reisenden beschwerten sich, dass es im Schiffsbauch nach Formaldehyd roch und überall Ratten waren. Auf Deck gab es immerhin einen Trainingsbereich mit Laufbahn, Schwimmbecken und Platz zum Kugelstoßen. Speere und Diskusse wurden mit einem Tau am Boot befestigt und die Pferde zweimal am Tag zum »Frische-Luft-Schnappen« an Deck gebracht.

»WIR SCHWÖREN ...«
»... dass wir an den Olympischen Spielen als ehrenwerte Kämpfer teilnehmen, die Regeln der Spiele achten und uns bemühen werden, ritterliche Gesinnung zu zeigen, zur Ehre unseres Vaterlandes und zum Ruhme des Sports.« So lautete der erste olympische Eid, den der belgische Fechter Victor Boin sprach.

AM EINGANG EIN SOLDAT
Viele Soldaten, die im Ersten Weltkrieg gekämpft hatten, nahmen an den Wettkämpfen teil. Am Eingang des Olympiastadions begrüßte sie anstelle der sonst üblichen Diskuswerferskulptur die Statue eines Soldaten mit Granate. Im Sockel war »11. November 1918« eingraviert, das Datum des Kriegsendes.

»FLIEGENDE FINNEN«
Die finnische Mannschaft sorgte wahrhaft für Furore. Erstmals trat sie als unabhängiges Land an. Ihre Leichtathleten gewannen 16 Medaillen, davon neun goldene. Dem Läufer Paavo Nurmi gelang hier der große Durchbruch: Er holte dreimal Gold und einmal Silber. Der legendäre Hannes Kolehmainen, der sich nach dem Krieg wieder dem Sport zugewandt hatte, gewann im Marathon.

DER KAMPF UMS METALL
Durch den Krieg und den Mangel an Edelmetallen bestanden in Antwerpen alle »goldenen« Medaillen in Wahrheit aus vergoldetem Silber. Dies ist bis heute so. Insgesamt wurden 1.250 Auszeichnungen geprägt. Für einen Sieg in einem Einzelwettbewerb erhielt man außerdem eine kleine vergoldete Bronzestatue, deren Marktwert 2016 bei fast 8.500 Euro lag.

SOMMER WIE WINTER
Der US-Amerikaner Edward Eagan gewann schon im College seinen ersten Boxtitel. Nach dem Ersten Weltkrieg studierte er in Yale, Harvard und Oxford. In Antwerpen holte er Gold im Halbschwergewicht. 1932 siegte er bei den Winterspielen in Lake Placid im Viererbob. Eagan ist bis heute der einzige Sportler, der Gold bei Sommer- und Winterspielen in verschiedenen Disziplinen holte.

EINSAME SPITZE
Für einige genügte in Antwerpen die Teilnahme, um zu gewinnen: Beim Segeln gewannen Norweger fünf Goldmedaillen, ohne zu kämpfen. Kein einziges weiteres Team war angetreten. Bei nur einem von 14 Wettbewerben nahmen mehr als drei Boote teil. In einem anderen Rennen mit zwei niederländischen Booten erlaubte man den Teams nach dem Start in Belgien, die Fahrt in den Niederlanden zu beenden.

EIN RETTER AUF DEM BRETT
Der US-Schwimmer Duke Kahanamoku verteidigte über 100 m Freistil nach acht Jahren seinen Titel aus Stockholm 1912. Fünf Jahre später rettete er mithilfe seines Surfbretts acht in Seenot geratenen Menschen das Leben.

MEISTERLICHE »BIERDIÄT«
Der Brite Albert Hill siegte bei den Rennen über 800 m und 1.500 m. Während des Kriegs war er Funker bei der Britischen Luftwaffe, rauchte bis zu achtzig Zigaretten am Tag und hatte Lungenprobleme. Statt Wasser trank Hill in Antwerpen Bier. Nach seinem olympischen Triumph wurde er Trainer und wanderte 1947 nach Kanada aus.

EINEN OSCAR FÜR DAS ALTER

Der 72-jährige Schwede Oscar Swahn holte im Mannschaftsschießen »Laufender Keiler Doppelschuss« Silber. Er war damit der älteste Olympiasieger aller Zeiten. Swahn ließ niemanden sein Gewehr anfassen und trug beim Schießen immer einen schwarzen Mantel und einen Hut.

WO IST DIE FLAGGE?

Zwei Tage nach Eröffnung der Spiele 1920 wurde die erstmals gehisste olympische Flagge mit den fünf Ringen gestohlen. Erst 1997 bekannte der US-amerikanische Wasserspringer Hal Haig »Harry« Prieste in einem Interview zu seinem 100. Geburtstag, dass sie ganze 77 Jahre in seinem Koffer gelegen hatte. Anlässlich der Spiele 2000 in Sydney gab Prieste die Flagge dem IOC zurück.

ZWEI BRÜDER, VIELE MEDAILLEN

Der Italiener Nedo Nadi hatte im Ersten Weltkrieg gekämpft und war für seine Tapferkeit von seiner Regierung ausgezeichnet worden. In Antwerpen holte er 1920 rekordverdächtige fünf Goldmedaillen im Fechten. Dabei gewann er die Einzelwettbewerbe mit Florett und Säbel und führte Italien in allen drei Mannschaftswettbewerben zum Sieg. In dieser Mannschaft gewann auch sein Bruder Aldo dreimal Gold.

WEITER OHNE STRÜMPFE

Die 18-jährige US-Amerikanerin Ethelda Bleibtrey gewann dreimal Gold und verursachte eine »Mode«-Revolution im Schwimmsport: Sie trat in einem Kostüm an, das einem kurzen Kleid ähnelte. Ein Jahr vor den Olympischen Spielen war Bleibtrey in New York noch dafür verhaftet worden, dass sie mit nackten Beinen schwimmen ging. Unter dem Druck der Öffentlichkeit entschuldigte sich der Polizeichef bei ihr und die Pflicht, Strümpfe zu tragen, wurde aufgehoben.

EIN SPRUNG WIRD NACHGEMACHT

Der 20-jährige US-Amerikaner Charles Paddock lief mit einer fantastischen Geschwindigkeit und überquerte die Ziellinie immer mit einem ganz besonderen Sprung. Dieser wurde später von vielen übernommen. Paddock holte in Antwerpen Gold im 100-m-Lauf und mit der 4 x 100-m-Staffel. Während des Zweiten Weltkriegs kam er 1943 bei einem Flugzeugabsturz in der Nähe von Sitka (Alaska) ums Leben.

UND SCHUSS!

Willis Lee und Lloyd Spooner waren beide Angehörige des US-amerikanischen Militärs und holten sieben Medaillen im Schießen. Spooner trat in zwölf Disziplinen an, was bis dahin olympischer Rekord war. Lee ging nach den Spielen zurück zur Marine. Er war Vizeadmiral und starb einige Tage vor Japans Kapitulation.

UNKLARE REGELN? ANTRIEB FÜR VERÄNDERUNG

Die Tatsache, dass es für die meisten Sportarten 1920 in Antwerpen keine einheitlichen Regeln gab, sah man als große Bedrohung für die olympische Bewegung. 1921 fand, auf Pierre de Coubertins Initiative hin, in Lausanne ein Treffen aller Interessierten statt, um weltweit gültige Regeln zu besprechen. Dabei beschloss man die Gründung internationaler Sportverbände.

»SPARTANER« SIND HART IM NEHMEN

In Antwerpen fanden die Schwimmwettbewerbe in einem Kanal mit Holzüberdachung statt. Das Wasser war so kalt, dass sich viele darin unterkühlten. Da die Hotels nicht genügend Kapazitäten hatten, schliefen einige Athletinnen und Athleten in einer leer stehenden Schule auf Klappbetten, fuhren in heruntergekommenen Transportern zu den Wettbewerben und frühstückten »ein Brötchen, einen Kaffee und eine Sardine«.

BEGEISTERUNG FÜRS LEBEN

In Paris 1900 sowie zwanzig Jahre später in Antwerpen holte der Belgier Hubert Van Innis sechsmal Gold und viermal Silber. Er war der erfolgreichste Bogenschütze dieser beiden Spiele. Zu seinem eigenen Restaurant in Brüssel gehörte sogar ein Trainingsplatz und so begleitete ihn Bogenschießen bis zu seinem Tod im Alter von 95 Jahren.

SONDERBARE DISZIPLINEN

Beim einzigen Eishockeyturnier während Olympischer Sommerspiele siegte Kanada. Tauziehen, Gewichtweitwurf sowie Kunstreiten waren zum letzten Mal im Programm. Es gab wieder eigene Kunstwettbewerbe. In den Bereichen Literatur, Architektur, Malerei, Bildhauerei und Musik wurden Künstlerinnen und Künstler für ihre vom Sport inspirierten Werke ausgezeichnet.

EISKALTE RACHE

John B. Kelly aus Philadelphia, auch Jack genannt, wurde zweifacher Olympiasieger im Rudern und besiegte im Einer den Briten Jack Beresford, den Sieger der Henley Royal Regatta. 1914 hatte ausgerechnet Großbritannien Kelly nicht zu dieser Regatta zugelassen. Angeblich war er kein Gentleman, da er in seiner Jugend körperlich gearbeitet hatte. Seine Tochter war die Schauspielerin Grace Kelly, sein Enkel ist der aktuell regierende Fürst Albert II. von Monaco.

PARIS
FRANKREICH, 1924

Nach den Schwierigkeiten von 1900 verlangte Pierre de Coubertin, dass seine Heimatstadt die Spiele noch einmal austragen durfte. Auf Wunsch des Barons bekam Paris die Olympischen Spiele 1924. Deutschland war zum zweiten Mal in Folge nicht zugelassen. Daraufhin weigerte sich die Sowjetunion, zum »Zeichen des Protestes gegen den Ausschluss deutscher Sportlerinnen und Sportler« eine eigene Delegation zu entsenden. Nichtsdestotrotz traten in Paris rekordverdächtige 44 Länder an und die über 1.000 anwesenden Journalistinnen und Journalisten zeugten vom großen öffentlichen Interesse an den Spielen.

Erfolgreichstes Land:
USA – 99   45 27 27

Medaillensieger:
Paavo Nurmi, Finnland, Leichtathletik   5

Anzahl Aktive / Länder:
3.088 / 44

Gesamt:
126 Medaillensätze in 17 Sportarten

ALLROUNDTALENT
Roger Ducret war während des Ersten Weltkriegs in Gefangenschaft. Doch bereits 1924 gewann der Franzose fünf Medaillen im Fechten in allen drei Waffenarten: Gold holte er dabei in beiden Florettwettbewerben sowie mit der Degenmannschaft. Nach seiner sportlichen Karriere arbeitete er als Journalist für *Le Figaro*, *L'Echo des Sports* und andere Zeitungen.

REKORD GANZ UMSONST
Der US-Amerikaner Robert LeGendre stellte im Weitsprung einen Weltrekord auf: 7,76 m. Allerdings trat er im Fünfkampf an und erreichte mit seiner Gesamtpunktzahl nur Platz 3. Sein Landsmann William DeHart Hubbard war der erste schwarze Olympiasieger in einer Einzeldisziplin und holte Gold im Weitsprung, mit 32 cm weniger als LeGendre.

DAS WAR FILMREIF!
Der Schotte Erik Liddell gewann im 400-m-Lauf. Da der 100-m-Lauf aber auf einen Sonntag fiel, trat der strenggläubige Christ nicht an und predigte an dem Tag in einer anglikanischen Kirche in Paris. Über die 100 m gewann der Engländer Harold Abrahams, den Liddell später im Finale über 200 m wiedertraf. Der Oscar-gekrönte Film *Die Stunde des Siegers* erzählt die Geschichte der beiden Läufer.

DAS AUS FÜR RUGBY
In Paris hatte Rugby seinen letzten olympischen Auftritt. Es folgte eine über neunzigjährige Pause. Zur großen Enttäuschung für das überfüllte Olympiastadion in Colombes siegten die USA im Finale mit 17:3 über Frankreich und verteidigten ihren Titel von Antwerpen.

GOODBYE, TENNIS!
Zum letzten Mal vor einer Pause von 64 Jahren war Tennis olympisch. Alle Goldmedaillen gingen an US-Amerikanerinnen und US-Amerikaner: Vincent Richards gewann im Herren-Einzel und -Doppel, bei den Damen war es Helen Wills. Außerdem gewann Richard Norris Williams, der den Untergang der *Titanic* überlebt hatte, zusammen mit Hazel Wightman im gemischten Doppel.

WER ENTSCHEIDET?
Im Rahmen »olympischer Kunstwettbewerbe« wurden vierzehn Medaillen in den Bereichen Literatur, Bildhauerei, Malerei, Architektur und Musik vergeben. Zur Jury gehörten insbesondere Selma Lagerlöf, die erste Frau, die mit dem Literaturnobelpreis gewürdigt wurde, die Komponisten Maurice Ravel und Béla Bartók sowie der Künstler Fernand Léger.

WER WILL, DER KANN
Aufgrund einer in seiner Jugend erlittenen Augenverletzung konnte der US-Amerikaner Harold Osborn Entfernungen nicht gut einschätzen. Doch er trieb weiter Sport. In Paris gewann Osborn Gold im Zehnkampf und im Hochsprung. Nach den Spielen machte er seinen Abschluss an der Universität von Illinois und wurde ein bekannter osteopathischer Arzt.

LAUF FÜR AJKO!
Während der Spiele fanden Polizisten vor dem Olympiastadion einen erschöpften Jungen. Es stellte sich heraus, dass Ajko zu Fuß aus Lappland gekommen war, um Paavo Nurmi laufen zu sehen. Das Rennen war jedoch schon vorbei. Als Nurmi davon erfuhr, organisierte er für den Jungen ein Extrarennen im Stadion, an dem viele weitere Läufer teilnahmen.

UNTERKÜNFTE
Erstmals lebten die Teams während der Spiele in einem olympischen Dorf. Nicht weit vom Olympiastadion hatte man mobile Holzhütten mit fließendem Wasser aufgebaut. Im Dorf gab es auch eine Poststelle, eine Geldwechselstube, einen Friseur und ein Restaurant.

»TARZANS« OLYMPIADEBÜT
1924 war der US-Amerikaner Johnny Weissmüller das erste Mal bei den Spielen dabei und wurde dreifacher Sieger im Schwimmen. Mit dem US-Team holte er außerdem Bronze im Wasserball. Vier Jahre später errang er in Amsterdam zweimal Gold, doch danach wechselte er nach Hollywood und wurde in der Rolle des »Tarzan« in zwölf Filmen ein berühmter Schauspieler.

»SCHWIMM, MÄDCHEN, SCHWIMM!«
Die US-amerikanische Schwimmerin Gertrude Ederle gewann zwei Einzel-Bronzemedaillen und eine goldene in der Staffel. Weltberühmt wurde sie aber zwei Jahre später, als sie als erste Frau den Ärmelkanal durchschwamm. Ederle war dabei zwei Stunden schneller als fünf Männer vor ihr. 1927 spielte sie sich selbst im Film *Swim Girl, Swim*.

LAUF UMS ÜBERLEBEN
Der Mannschafts-Querfeldeinlauf fand bei 45 °C Hitze statt, unweit einer Mülhalde, was das Rennen schwer beeinträchtigte. Der Schwede Edvin Wide wurde auf der Strecke ohnmächtig und vom Krankenwagen abgeholt. Der Brite Arthur Sewell verlor die Orientierung und rannte in die verkehrte Richtung. Er stieß mit einem anderen Läufer zusammen – beide schieden aus. Nur 15 von 38 Teilnehmern erreichten das Ziel. Danach nahm man die Disziplin aus dem Programm.

CHAMPION DOKTOR SPOCK!
Der US-amerikanische Kinderarzt Dr. Benjamin Spock wurde 1946 mit dem Buch *Säuglings- und Kinderpflege* zum Bestsellerautor. Der Ratgeber verkaufte sich weltweit 50 Millionen Mal. Während seines Studiums an der Universität Yale war Spock Ruderer und wurde bei den Spielen 1924 mit seiner Mannschaft Olympiasieger im Achter.

GOLDSTANDARD
Für die Spiele 1924 wurde ein Schwimmbecken mit 50-m-Bahnen gebaut, die durch Schwimmleinen aus Kork abgetrennt waren – der neue Standard für olympische Becken. In der Halle gab es Wettbewerbe im Schwimmen, Wasserspringen und Wasserball. Bis heute ist das Bad in Betrieb und hat ein aufschiebbares Dach. So können sich die Gäste sonnen.

DIE ERFOLGREICHSTE OLYMPIAFAMILIE
Der Schwede Alfred Swahn holte einmal Silber und zweimal Bronze im Schießwettbewerb »Laufender Keiler«. Bei den drei vorangegangenen Spielen hatte er sich bereits drei Gold-, zwei Silber- und eine Bronzemedaille erkämpft. Bei denselben drei Olympischen Spielen gewann sein Vater dreimal Gold, einmal Silber, zweimal Bronze. Insgesamt erhielten sie 15 Auszeichnungen – ein Rekord, der bis heute besteht.

NURMIS OLYMPISCHE SPIELE
Der finnische Läufer Paavo Nurmi war 1924 der Star der Spiele. In vier Tagen gewann Nurmi über 3.000 m, im Einzel- und Mannschafts-Querfeldeinlauf sowie über 1.500 m und 5.000 m, obwohl zwischen diesen beiden Rennen nur eine Stunde lag. Die finnischen Leichtathleten erkämpften zehn der insgesamt vierzehn finnischen Goldmedaillen, sodass Finnland im Medaillenspiegel hinter den USA auf Platz 2 landete.

DIE UMGEDREHTE FLAGGE ALS GLÜCKSBRINGER
Beim ersten Fußballspiel Uruguays in Paris wurde die Flagge des lateinamerikanischen Landes verkehrt herum aufgehängt und anstelle der Nationalhymne Tanzmusik abgespielt. Dafür kannten Uruguay nach den Olympischen Spielen alle, weil die »Celeste« (die »Himmelblauen«, wie die Mannschaft auch genannt wird) spektakulär Olympiagold holte, als sie im Finale die Schweiz mit 3:0 bezwang.

EIN KASSENSCHLAGER
Zum ersten Mal wurden die Wettkämpfe 1924 im Radio übertragen. Außerdem wurden diese Spiele ein großer Publikumserfolg: Insgesamt kamen 625.000 Menschen. In den Kassen landeten mehr als 5 Millionen französische Francs. 1,5 Millionen davon brachte die Leichtathletik ein und 1 Million der Fußball.

DAVONZIEHEN WIE RITOLA
Der Finne Ville Ritola holte in Paris viermal Gold und zweimal Silber. Als der große Paavo Nurmi beim 10.000-m-Lauf nicht dabei war, überholte Ritola seine Konkurrenten um eine halbe Runde, das war neuer Weltrekord. Auf Finnisch sagt man manchmal auch *Ottaa Ritolat*, was so viel heißt wie »Davonziehen wie Ritola«.

AMSTERDAM
NIEDERLANDE, 1928

Die Welt hatte sich vom Ersten Weltkrieg erholt. Sport war wichtiger und beliebter denn je und die Verantwortlichen hatten aus früheren Planungsfehlern gelernt. Die Anzahl von Teilnehmerinnen hatte sich mehr als verdoppelt, Sportlerinnen und Sportler aus Asien gewannen erste Goldmedaillen. Es waren die ersten modernen Spiele der Neuzeit ohne Olympiavater Pierre de Coubertin. Er war nicht mehr IOC-Präsident.

Erfolgreichstes Land:
USA – 56 22 18 16

Medaillensieger:
Georges Miez, Schweiz, Geräteturnen 3 1

Anzahl Aktive / Länder:
2.883 / 46

Gesamt:
109 Medaillensätze in 14 Sportarten

ES BRENNT UND BRENNT
In Amsterdam wurde zum ersten Mal das olympische Feuer entzündet. Während des ganzen Turniers flackerte die Flamme in einer Schale hoch oben auf dem Turm, den der niederländische Architekt Jan Wils entworfen hatte.

EINE ODE AN ODA
Mit dem Dreispringer Oda Mikio aus Japan gewann in Amsterdam der erste asiatische Sportler in einer Einzeldisziplin olympisches Gold. Er trat gleichzeitig auch im Weit- und Hochsprung an, war dort aber nicht erfolgreich.

WAS MACHT DAS KÖNIGSHAUS?
Der niederländische Prinz Hendrik eröffnete die Spiele. Königin Wilhelmina weilte angeblich zur selben Zeit in Norwegen. Sie soll verärgert darüber gewesen sein, dass man ihr den genauen Termin für die Feier nicht genannt hatte. Bevor die Wettbewerbe endeten, kehrte sie jedoch zurück und überreichte einige Medaillen.

»HERRLICH ERFRISCHEND«
Der US-Getränkekonzern Coca-Cola war der erste offizielle Förderer der Olympischen Spiele und sponsort sie bis heute. Im Vorfeld der Wettbewerbe schickte die Firma einen Frachter über den Atlantik. An Bord waren die US-Mannschaft und 1.000 Kästen Coca-Cola.

WOHIN MIT DEN VIELEN WAGEN?
Neben dem Stadion gab es 2.000 Parkplätze, doch die reichten nicht für die riesige Zahl von Autos, die Amsterdam während der Spiele überfluteten. Daher richtete man kurz entschlossen zusätzliche Parkflächen ein und markierte sie mit einem weißen P auf blauem Grund. So entstand das international bekannte Verkehrszeichen für Parkplätze.

BALLKÜNSTLER
In Südamerika war Fußball immer wichtiger geworden. Mit dem Sieg gegen Argentinien verteidigte Uruguay im olympischen Finale seinen Titel. Indien holte erstmals Gold im Hockey. Es folgten fünf weitere Olympiasiege hintereinander.

NEUNTES GOLD FÜR ZEHN KILOMETER
Der legendäre Finne Paavo Nurmi gewann auf der 10.000-m-Strecke seine neunte und letzte Goldmedaille. Insgesamt siegten die finnischen Sportler in fünf Leichtathletik-Disziplinen. Nur die USA bekamen vier Goldmedaillen mehr.

... ENTCHEN SCHWIMMEN AUF DEM SEE
Der australische Ruderer Henry Pearce hielt im Viertelfinalrennen kurz an, um einige Enten vorüberschwimmen zu lassen. Dabei verlor er ein paar Sekunden, doch das schadete dem tierlieben Athleten nicht. Er qualifizierte sich und holte im Finale Gold. In Amsterdam wurde der Mann zur Legende.

NICHT SEINETWEGEN, SONDERN IHM ZUM TROTZ
Obwohl Baron Pierre de Coubertin dagegen war, traten auf der Mittelstrecke erstmals Frauen gegeneinander an. Den 800-m-Lauf gewann Lina Radke vom Karlsruher FV. Die Presse schrieb anschließend, wie unangemessen solche aufreibenden Rennen für Frauen seien. Die Disziplin sollte erst 28 Jahre später wieder bei den Spielen in Rom auf dem Programm stehen.

K. O. VOR DEM GONG
Noch vor der Eröffnungsfeier wollte die französische Delegation gerne das Olympiastadion besichtigen, doch ein Wachmann ließ sie nicht durch. Dabei hatte er die Deutschen kurz zuvor ins Stadion gelassen. Also kam es zu einer Schlägerei und die Beleidigten verpassten den Einlauf der Nationen.

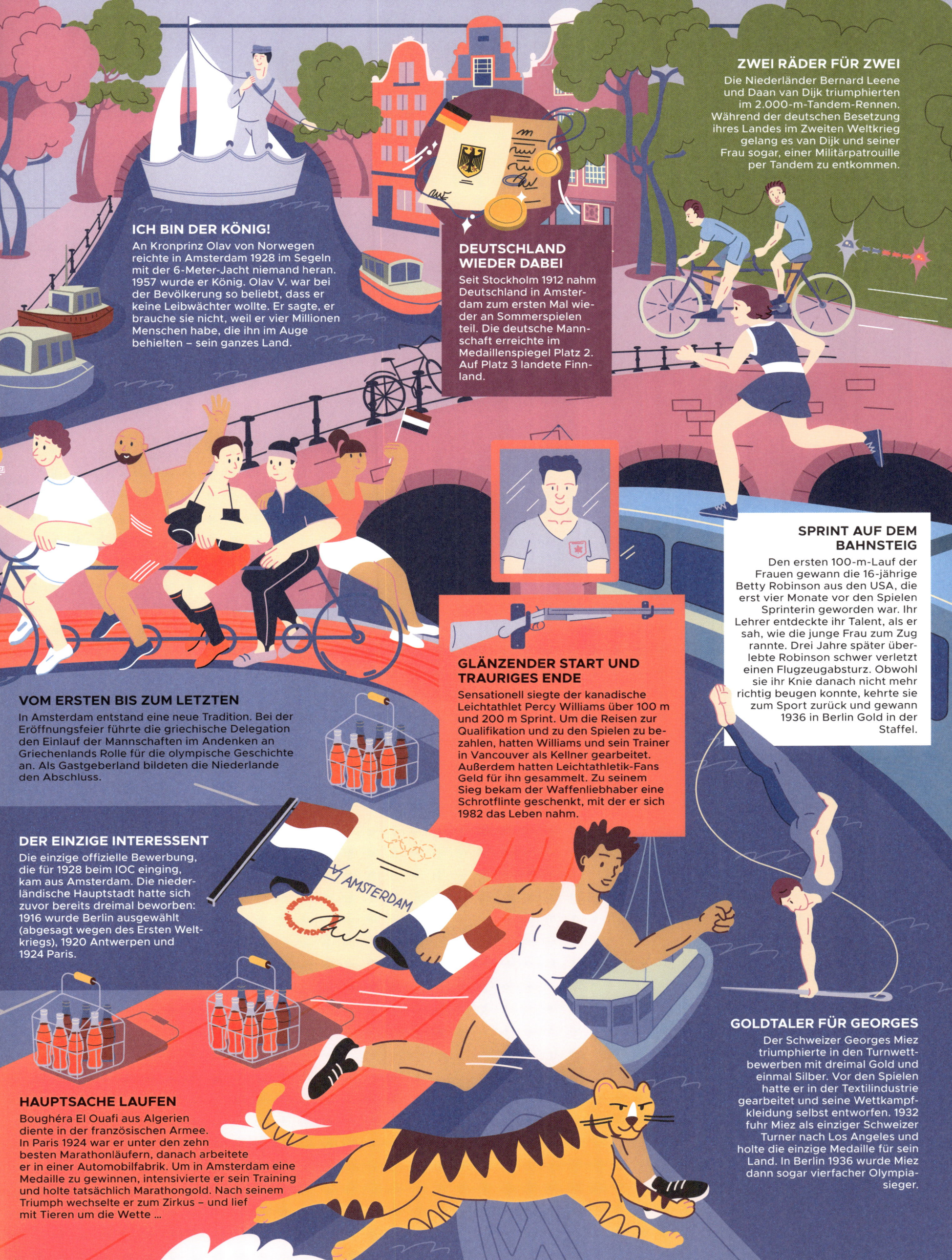

LOS ANGELES
USA, 1932

Unter der brennenden kalifornischen Sonne, im extra erweiterten »Memorial Coliseum«, wurden die X. Olympischen Spiele eröffnet. Die Wettbewerbe fielen mitten in die Zeit der Weltwirtschaftskrise. Wie schon in St. Louis 1904 kamen die meisten Teilnehmenden aus den USA. Die große Entfernung und die hohen Kosten für die Ozeanüberquerung bestimmten mit, wie viele Sportlerinnen und Sportler aus Europa anreisen konnten. Dennoch gab es in der »Stadt der Engel« neunzig olympische und 18 Weltrekorde sowie zahlreiche Neuerungen. Ergebnisse wurden bis auf eine Zehntelsekunde genau gemessen und erstmals gab es ein Fotofinish, bei dem auf jedem Einzelbild Zeitmarker zu sehen waren.

Erfolgreichstes Land:
USA – 110   44 36 30

Medaillensiegerin und -sieger:
Helene Madison, USA, Schwimmen   3
Romeo Neri, Italien, Geräteturnen   3

Anzahl Aktive / Länder:
1.334 / 37

Gesamt:
117 Medaillensätze in 14 Sportarten

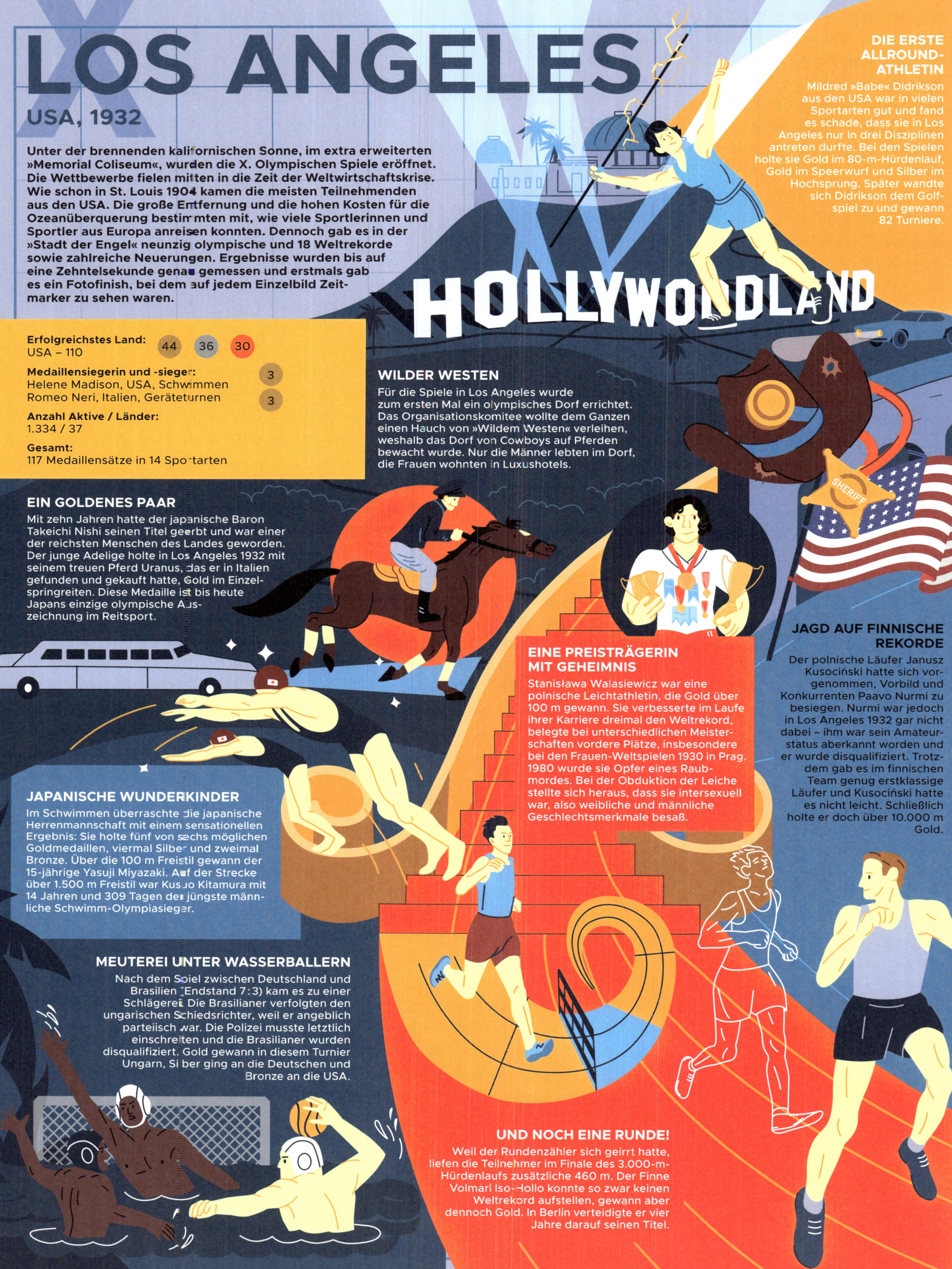

DIE ERSTE ALLROUND-ATHLETIN
Mildred »Babe« Didrikson aus den USA war in vielen Sportarten gut und fand es schade, dass sie in Los Angeles nur in drei Disziplinen antreten durfte. Bei den Spielen holte sie Gold im 80-m-Hürdenlauf, Gold im Speerwurf und Silber im Hochsprung. Später wandte sich Didrikson dem Golfspiel zu und gewann 82 Turniere.

WILDER WESTEN
Für die Spiele in Los Angeles wurde zum ersten Mal ein olympisches Dorf errichtet. Das Organisationskomitee wollte dem Ganzen einen Hauch von »Wildem Westen« verleihen, weshalb das Dorf von Cowboys auf Pferden bewacht wurde. Nur die Männer lebten im Dorf, die Frauen wohnten in Luxushotels.

EIN GOLDENES PAAR
Mit zehn Jahren hatte der japanische Baron Takeichi Nishi seinen Titel geerbt und war einer der reichsten Menschen des Landes geworden. Der junge Adelige holte in Los Angeles 1932 mit seinem treuen Pferd Uranus, das er in Italien gefunden und gekauft hatte, Gold im Einzelspringreiten. Diese Medaille ist bis heute Japans einzige olympische Auszeichnung im Reitsport.

EINE PREISTRÄGERIN MIT GEHEIMNIS
Stanisława Walasiewicz war eine polnische Leichtathletin, die Gold über 100 m gewann. Sie verbesserte im Laufe ihrer Karriere dreimal den Weltrekord, belegte bei unterschiedlichen Meisterschaften vordere Plätze, insbesondere bei den Frauen-Weltspielen 1930 in Prag. 1980 wurde sie Opfer eines Raubmordes. Bei der Obduktion der Leiche stellte sich heraus, dass sie intersexuell war, also weibliche und männliche Geschlechtsmerkmale besaß.

JAGD AUF FINNISCHE REKORDE
Der polnische Läufer Janusz Kusociński hatte sich vorgenommen, Vorbild und Konkurrenten Paavo Nurmi zu besiegen. Nurmi war jedoch in Los Angeles 1932 gar nicht dabei – ihm war sein Amateurstatus aberkannt worden und er wurde disqualifiziert. Trotzdem gab es im finnischen Team genug erstklassige Läufer und Kusociński hatte es nicht leicht. Schließlich holte er doch über 10.000 m Gold.

JAPANISCHE WUNDERKINDER
Im Schwimmen überraschte die japanische Herrenmannschaft mit einem sensationellen Ergebnis: Sie holte fünf von sechs möglichen Goldmedaillen, viermal Silber und zweimal Bronze. Über die 100 m Freistil gewann der 15-jährige Yasuji Miyazaki. Auf der Strecke über 1.500 m Freistil war Kusuo Kitamura mit 14 Jahren und 309 Tagen der jüngste männliche Schwimm-Olympiasieger.

MEUTEREI UNTER WASSERBALLERN
Nach dem Spiel zwischen Deutschland und Brasilien (Endstand 7:3) kam es zu einer Schlägerei. Die Brasilianer verfolgten den ungarischen Schiedsrichter, weil er angeblich parteiisch war. Die Polizei musste letztlich einschreiten und die Brasilianer wurden disqualifiziert. Gold gewann in diesem Turnier Ungarn, Silber ging an die Deutschen und Bronze an die USA.

UND NOCH EINE RUNDE!
Weil der Rundenzähler sich geirrt hatte, liefen die Teilnehmer im Finale des 3.000-m-Hürdenlaufs zusätzliche 460 m. Der Finne Volmari Iso-Hollo konnte so zwar keinen Weltrekord aufstellen, gewann aber dennoch Gold. In Berlin verteidigte er vier Jahre darauf seinen Titel.

WISSENSCHAFT, SPORT UND STRASSENMUSIK

István Pelle aus Ungarn war gleichzeitig promovierter Jurist und Turner: Er gewann in Los Angeles 1932 je zweimal Gold und Silber. Nach dem Zweiten Weltkrieg verließ er sein Land und verdiente sich seinen Lebensunterhalt auf der Straße: Er stellte sich auf eine Leiter, spielte Geige, sang ungarische Lieder und bekam viel Applaus. Schließlich ließ er sich in Argentinien nieder.

VORBILDLICHES FAIR PLAY

Die britische Florettfechterin Heather »Judy« Guinness zeigte in Los Angeles 1932 wahre Größe. Im Finalduell gegen die Österreicherin Ellen Preis war zunächst Guinness der Sieg zugesprochen worden, doch sie selbst wies die Schiedsrichter auf zwei Fehlentscheidungen hin. Die Korrektur kostete sie zwei Punkte. So gewann Preis die Goldmedaille. Guinness bekam Silber und ein reines Gewissen.

RUHMESSTUNDE

Der Italiener Romeo Neri versuchte sich im Schwimmen, Laufen, Gewichtheben und Boxen, bis er am Ende beim Turnen landete. In Los Angeles holte er drei Goldmedaillen: im Einzel- und Mannschaftsmehrkampf sowie am Barren. In Berlin 1936 schied Neri wegen eines Muskelrisses im Arm aus. In seiner Geburtsstadt Rimini wurde ein Fußballstadion nach ihm benannt.

DIE GLÜCKSHOSE

Bei allen Wettbewerben trug der Finne Matti Järvinen als Glücksbringer dieselben Hosen. Seinen Speer warf er 72,71 Meter weit. Das war neuer Olympiarekord. Während des Zweiten Weltkriegs diente Järvinen an der Front als Ausbilder im Handgranatenwerfen.

ENE, MENE, MUH, DER SIEGER, DER BIST DU

Beim Hockeyturnier traten gerade mal drei Mannschaften an: Indien, Japan und die USA. Allein diesem Umstand verdankten die USA die Bronzemedaille. Sie verloren ihre beiden Spiele, 2:9 gegen Japan und 1:24 gegen Indien. Gold ging also an Indien und Silber entsprechend an Japan.

WAS SICH DURCHSETZTE

In Los Angeles 1932 wurden einige olympische Traditionen begründet. Dazu gehörten das Hissen der Landesflaggen bei Siegerehrungen, das Spielen von Nationalhymnen und das dreistufige Siegertreppchen. Zum ersten Mal dauerten die Spiele weniger als 79 Tage, nämlich genau 16. Von da an konzentrierten sich die meisten Olympischen Spiele auf 15 bis 18 Tage.

DANKE, DASS ICH LEBE

Der Brite Tommy Green hatte viel Pech im Leben. Er konnte aufgrund von Rachitis, einer Knochenerkrankung, bis zu seinem fünften Lebensjahr nicht laufen. In der Armee wurde er verletzt, als ein Pferd auf ihn fiel. Beim Militäreinsatz in Frankreich erlitt er drei Verletzungen und eine schwere Gasvergiftung. Später arbeitete Tommy bei der Eisenbahn und verlor durch einen Unfall einen Finger. Zum Gehen als Sportart hatte ihn ein blinder Freund animiert. Green ging die 50 km in Los Angeles am schnellsten und gewann. Die Disziplin stand zum ersten Mal auf dem Programm.

FUSSBALL IM ABSEITS

Fußball war im olympischen Programm in Los Angeles 1932 nicht zu finden. Im Vorfeld hatte es Streitigkeiten über den vom IOC geforderten Amateurstatus gegeben. Außerdem wäre die Anreise für die meisten Mannschaften, besonders aus Europa, zu weit und zu teuer gewesen. Auch zwei Jahre zuvor waren zur ersten Fußball-WM nach Uruguay nur vier europäische Teams gereist. Eine andere Begründung könnte auch sein, dass Fußball in den USA einfach nicht sehr populär war.

»MIDNIGHT EXPRESS«

So nannte man den US-Sprinter Eddie Tolan. Er lief mit festgeklebter Brille und kaute Kaugummi. Damit konnte er seinen Rhythmus besser halten. In Los Angeles holte er Gold über 100 m und 200 m. Beim 100-m-Lauf entschied das Fotofinish über Tolans Sieg, denn sein Teamkollege Ralph Metcalfe erreichte ebenfalls 10,38 Sekunden.

VOM OLYMPISCHEN WINDE VERWEHT

Die US-Schwimmerin Helene Madison hatte schon viel erreicht. Von 1930 bis 1931 brach sie innerhalb von 16 Monaten 16 Weltrekorde über verschiedene Distanzen. Madison gewann in Los Angeles 1932 über 100 m sowie in der 4 x 100-m-Staffel. Ihr drittes Gold holte sie auf der 400-m-Strecke. Am Abend feierte sie ihren Sieg in einem Club, wo sie mit dem Schauspieler Clark Gable aus dem Film *Vom Winde verweht* tanzte.

BERLIN
DEUTSCHES REICH, 1936

Vereinzelt berichtete die Presse vom wahren Gesicht des Deutschen Reiches, doch niemand nahm sie ernst. Das IOC erklärte, es gebe in Deutschland nichts, »was der olympischen Bewegung schaden könne«. Sport habe »nichts mit Politik zu tun«. Doch schon drei Jahre später begann, von Deutschland ausgehend, der Zweite Weltkrieg.

Erfolgreichstes Land:
Deutsches Reich – 101   38   31   32

Medaillensieger:
Jesse Owens, USA, Leichtathletik   4

Anzahl Aktive / Länder:
3.963 / 49

Gesamt:
129 Medaillensätze in 19 Sportarten

MACHT EUCH AUF UNS GEFASST!
Schon 1916 sollten in Berlin die Olympischen Spiele ausgetragen werden. Doch weil Deutschland den Ersten Weltkrieg begonnen hatte, wurde es danach aus der Weltgemeinschaft ausgeschlossen. Daher wollten Hitler und Propagandaminister Joseph Goebbels 1936 das Deutsche Reich in seiner Größe und mit seinem technologischen Fortschritt präsentieren.

OLYMPISCHES KONZENTRATIONSLAGER
Auch während der Spiele kamen Jüdinnen und Juden und andere »nicht arische« Menschen in Haft. Man brachte sie nach Sachsenhausen, ein Konzentrationslager nördlich von Berlin, abseits von Augen und Ohren der ausländischen Presse.

SS – SPORT UND STERBEN
Das luxuriöse olympische Dorf war zunächst das Heim der Sportlerinnen und Sportler, doch nach den Olympischen Spielen ging es an die deutschen Streitkräfte über. Der stellvertretende Kommandant des olympischen Dorfes, Offizier Wolfgang Fürstner, beging nach Ende der Wettkämpfe Selbstmord, weil er aufgrund seiner jüdischen Abstammung entlassen wurde.

UNGEWÖHNLICHE REKORDE
Im Vielseitigkeitsreiten geschah etwas Ungewöhnliches: Ein Reiter versuchte drei Stunden lang, sein entlaufenes Pferd einzufangen. Der Leichtathlet John Woodruff geriet im 800-m-Lauf »in die Zange« zwischen seine Konkurrenten, die ihn ausbremsen wollten. Um sich aus der Situation zu befreien, musste er komplett anhalten und lief dann doch als Erster ins Ziel.

DAS MODERNE OLYMPIA
Zum ersten Mal gab es einen olympischen Fackellauf. Über 3.000 Läufer trugen das olympische Feuer von der griechischen Stadt Olympia nach Berlin. Für die Nazis stand die Flamme für die Verbindung zwischen der antiken griechischen und der modernen deutschen Kultur.

EINE MEDAILLE FÜR DIE PROPAGANDA
Die deutsche Filmregisseurin Leni Riefenstahl drehte im Auftrag von Propagandaminister Goebbels den monumentalen zweiteiligen Propagandafilm *Olympia* über die Wettkämpfe in Deutschland. 2001 verlieh das IOC Riefenstahl dafür eine Goldmedaille, die ihr schon 1939 zugesprochen worden war.

DIE WELT WAR BEUNRUHIGT
Zwei Jahre vor den Olympischen Spielen besuchten IOC-Vertreter Berlin, weil es Berichte über Unterdrückung und Diskriminierung gegeben hatte. Sie sahen jedoch nur eine ruhige Stadt. Die Nazis hatten alle Anzeichen von Antisemitismus beseitigt und der Kommission sogar ein paar ausgewählte jüdische Menschen vorgestellt.

75 % UNTERHALTUNG, 25 % PROPAGANDA
Goebbels veranlasste zum ersten Mal eine Fernsehübertragung der Olympischen Spiele. Drei Kameras filmten die Wettkämpfe für über 150.000 Zuschauerinnen und Zuschauer. In Hamburg und Berlin versammelten sich Menschen in »Fernsehstuben«, nicht nur um Sport, sondern auch das deutsche Wunder der Technik zu bestaunen.

DIE OLYMPISCHE EICHE
Neben einer Medaille bekamen die drei Erstplatzierten eines jeden Wettbewerbs auch einen Eichenkranz und ein Eichenbäumchen zum Auspflanzen in ihrer Heimat. So sollten sie den olympischen Geist verbreiten. Die Eichen der deutschen Sportlerinnen und Sportler wurden neben das Wettkampfstadion gepflanzt.

OLYMPIA IN VOLLER PRACHT

Adolf Hitler war zunächst gegen die Austragung der Wettkämpfe in Berlin, scheute später dann aber weder Kosten noch Mühen bei der Planung der Veranstaltung. Die Ausstattung der XI. Olympischen Spiele war so beeindruckend, dass der damalige IOC-Präsident Hitler als »einen der kreativsten Menschen unserer Zeit« bezeichnete.

»SPORT BEDEUTET FRIEDEN!«

Bei der Eröffnungsfeier ließ Hitler 20.000 Friedenstauben fliegen und bekam vom Marathonläufer Spyridon Louis einen Ölzweig überreicht, der für Frieden und Gewaltlosigkeit stand – und das drei Jahre vor Beginn eines der blutigsten Kriege der Menschheitsgeschichte.

EL-THOUNI-WEG

Der Ägypter Khadr El-Touni war der Star der Olympischen Spiele – der Gewichtheber übertraf alle anderen in seiner und sogar in der höheren Gewichtsklasse. Hitler legte ihm nahe, Deutschland als zweite Heimat zu wählen. 1971 wurde im Münchner Olympiapark der El-Thouni-Weg nach dem Sportler benannt.

ZEIT, GELD ZU ZÄHLEN

Als Baron Pierre de Coubertin 1896 die Tradition der antiken Olympischen Spiele wieder ins Leben rief, war ans Geldverdienen nicht zu denken – für die Durchführung brauchte man Sponsoren und jeden Cent. Doch bereits 1936 besuchten über vier Millionen Zuschauerinnen und Zuschauer das Spektakel und mit den Olympischen Spielen wurde Geld verdient.

JÜNGSTE OLYMPIASIEGERIN

Die US-Athletin Marjorie Gestring knackte bei den Olympischen Sommerspielen den Altersrekord, der bis heute ungebrochen ist. Mit nur 13 Jahren gewann sie im Wasserspringen vom Drei-Meter-Brett.

OLYMPISCHE SPIELE? BEI EUCH IST KRIEG.

Ein Aufruf, die nationalsozialistischen Spiele zu boykottieren und an einer »Volksolympiade« in Barcelona teilzunehmen, ging im Juni 1936 um die Welt. Dafür waren die Vorbereitungen sogar schon angelaufen, aber das IOC ließ sich vom Glanz des neu gebauten Stadions und des olympischen Dorfes in Berlin blenden. Wegen des Spanischen Bürgerkriegs musste die Gegenveranstaltung abgesagt werden.

RASSISMUS IN BERLIN UND ZU HAUSE

Dass Hitler ihm die Hand nicht schüttelte, kümmerte den vierfachen Olympiasieger Jesse Owens wenig. Viel erniedrigender fand der Rekordhalter, dass ihm US-Präsident Franklin D. Roosevelt weder gratulierte noch ihn zum Empfang ins Weiße Haus einlud.

2 : 1 FÜR DIE BRILLEN

Der 25-jährige Annibale Frossi, Stürmer bei Inter Mailand, war einer der wenigen, der mit Brille spielte. Er schoss im Endspiel zwei Tore gegen Österreich – und sicherte so das erste und letzte Gold für eine italienische Fußballnationalmannschaft bei Olympischen Spielen.

JESSE OWENS' SPIELE

8,06 m im Weitsprung – der Afroamerikaner Jesse Owens erzielte einen beeindruckenden olympischen Rekord, der bis 1960 nicht gebrochen wurde. Während der Wettkämpfe wiederholte Owens den Weltrekord im Sprint über 100 m und stellte für 200 m einen neuen olympischen Rekord auf. Die vierte Goldmedaille holte er im Staffellauf über 4 x 100 m, wobei das US-Team einen neuen Weltrekord erzielte.

OLYMPIASTADION

Die wichtigsten Spielstätten auf dem Olympiagelände waren das Hockeystadion, das Reitstadion, das Schwimmstadion und das Olympiastadion, das über 100.000 Zuschauerinnen und Zuschauern Platz bot. Zum ersten Mal in der Geschichte der Spiele wurde aus dem Olympiastadion die große Eröffnungsfeier mit Hitler an der Spitze live übertragen. Heute ist das Stadion Teil einer großen Sportanlage.

HELSINKI
FINNLAND, 1940

Diesmal hätte das olympische Feuer in Tokio entzündet werden sollen. Doch 1937 hatte der Zweite Japanisch-Chinesische Krieg begonnen. Da die Kämpfe andauerten, sagte Japan die Olympischen Spiele ab. So bekam Finnland die Zusage des IOC. Allerdings griff Deutschland am 1. September 1939 Polen an. Die sowjetische Armee marschierte am 17. September ebenfalls in Polen ein und griff am 30. November außerdem noch Finnland an. Der Zweite Weltkrieg war ausgebrochen.

Abgesagt wegen des Zweiten Weltkriegs.

ES WIRD KEINE OLYMPISCHEN SPIELE GEBEN

Nach Ende des Winterkriegs zwischen Finnland und der Sowjetunion im März 1940 blieben noch einige Monate bis zur Eröffnung der Spiele. In Finnland befand man optimistisch, sie müssten stattfinden, um der Welt zu zeigen, dass das Land nicht zerstört worden war. Doch am 9. April besetzte Deutschland Dänemark und Norwegen. Aufgrund der widrigen Weltlage erklärte Finnland am 23. April, dass man die Spiele nicht durchführen könnte.

»NICHT UMSONST WAR DEIN KAMPF, NICHT UMSONST DEIN TOD«

Im Juli 1940 fanden im »Helsingin olympiastadion« trotz der Absage Wettkämpfe statt – zu Ehren gefallener Athleten. Im Publikum befanden sich an die hundert Veteranen in Rollstühlen. Der finnische Schriftsteller Yrjö Jylhä, der ebenfalls im Winterkrieg gekämpft hatte, las aus seinem Gedicht »Stille Sieger«. Da konnten viele im Stadion ihre Tränen nicht mehr zurückhalten.

VOM STÜRMER ZUM VERTEIDIGER

Grenville Roberts war Innenstürmer beim englischen Fußballclub Nottingham Forest. Mit nur zwanzig Jahren kämpfte er im Mai 1940 als Soldat der britischen Armee in Frankreich. Die Briten mussten dabei allerdings den Rückzug antreten. Bei der Evakuierung aus Dünkirchen wurde Roberts tödlich verletzt. Ein feindlicher Splitter hatte ihm den Fuß abgetrennt.

GUTE ZEITEN

Für den finnischen Leichtathleten Gunnar Höckert war das Jahr 1936 der Höhepunkt seiner sportlichen Karriere. Im 5.000-m-Lauf holte er Olympiagold in Berlin und stellte in Stockholm zwei Weltrekorde auf. Sein Rheuma und der Einmarsch der UdSSR in Finnland hinderten ihn schließlich daran, sich weiter zu steigern. Als Reserveleutnant fiel er 1940 im Winterkrieg, einen Tag vor seinem 30. Geburtstag.

WIE SOLL DAS KIND NUR HEISSEN?

In Helsinki wusste man nicht, wie das größte Sportereignis der Welt auf Finnisch heißen sollte. Daher wurden Sprachwissenschaftler befragt. Es gab viele Vorschläge: *olympialaiset*, *olympialaiskisat*, *olympialaiset kisat* oder *Olympian kisat*. Später entstand die Variante *olympiakisat*. *Olympialaiset* setzte sich schließlich durch.

AUSGEBILDET ZUM TÖTEN

Arno Almqvist war ein finnischer Fünfkämpfer. 1912 war er für Russland bei den Olympischen Spielen angetreten, weil er im russischen St. Petersburg zum Artilleristen ausgebildet wurde. Während des Zweiten Weltkriegs kämpfte Almqvist für Finnland. Im März 1940 kam er ums Leben. Später erinnerte sich seine Tochter, wie er sogar im fortgeschrittenen Alter noch Hunderte Kilometer Rad fuhr.

OLYMPISCHE SPIELE IM UNTERGRUND

Im deutschen Kriegsgefangenenlager Nürnberg-Langwasser durften Gefangene keinen Sport treiben. Dennoch veranstalteten sie 1940 im Geheimen ihre eigenen Olympischen Spiele. Aus dem Hemd eines polnischen Kriegsgefangenen machten sie eine Flagge. Darauf malten sie die olympischen Ringe und Länderflaggen. Die Teilnehmer bekamen Medaillen aus Pappe, die sie vor den Aufsehern versteckten.

BLINDE FLECKEN

Seit Anfang der 30er Jahre gab es in Nazideutschland immer wieder antisemitische Gewalt. Trotzdem vergab das IOC die Winterspiele im nächsten Jahr zum zweiten Mal in Folge ins bayerische Garmisch-Partenkirchen. Sapporo in Japan hatte zuvor die Spiele abgesagt und mit dem Organisationskomitee im schweizerischen St. Moritz hatte es Streit gegeben. In Garmisch-Partenkirchen war auch die 1. Gebirgs-Division der deutschen Wehrmacht stationiert. Schon bald darauf beging sie einige der blutigsten Kriegsverbrechen.

ÜBERALL HERRSCHT KRIEG

Japan hatte mit dem Sprinter Monta Suzuki viel vor. Dieser war in Berlin 1936 ins 100-m-Viertelfinale gekommen. Doch er wollte sein Ergebnis unbedingt verbessern. Gleichzeitig verfolgte Japan Kriegspläne in China. Deshalb ging Suzuki als Freiwilliger zur Kaiserlich Japanischen Armee und starb 1939 im Kampf am Ufer des Gelben Flusses in China.

EIN PLAKAT MUSS ZWÖLF JAHRE WARTEN

Finnland hatte sein offizielles Olympiaplakat schon vorbereitet. Zu sehen war der berühmte finnische Läufer und neunfache Olympiasieger Paavo Nurmi vor einer Weltkugel. Darauf waren die Umrisse Finnlands und Helsinki als Punkt hervorgehoben. Doch die Sportwelt bekam dieses Plakat erst zu den Olympischen Spielen 1952 zu sehen (mit den veränderten Grenzverläufen der letzten Jahre).

TICKET IN DIE FREIHEIT

Maria Kwaśniewska hatte von den Olympischen Spielen 1936 ein gemeinsames Foto mit Hitler. 1944 half ihr dieses Bild, für das sie sich immer schämte, etwa 4.000 Gefangene aus dem Konzentrationslager Dulag 121 zu retten. Maria arbeitete dort als Krankenschwester und brachte nach und nach Leute in die Freiheit, indem sie den Wachen ihr Foto zeigte. So vermied sie weitere Fragen.

»EIN GUTER SPORTSMANN IST EIN GUTER SOLDAT«

1938 wurde der Heeresoffizier und spätere Generalfeldmarschall Walter von Reichenau Mitglied des IOC. Bereits zuvor hatte er eine wichtige Rolle beim Aufbau der deutschen Wehrmacht gespielt. Er liebte den Sport, doch mehr noch seine Armee, denn »ein guter Sportsmann ist ein guter Soldat«. Während des Zweiten Weltkriegs wurden auf seinen Befehl hin Tausende Jüdinnen und Juden ermordet. Dies geschah insbesondere im ukrainischen Babyn Jar.

SPORT IST TABU

Als die Deutschen Polen besetzten, verboten sie allen polnischen Sportlerinnen und Sportlern, an Wettkämpfen teilzunehmen. Daher eröffnete Maria Kwaśniewska, die 1936 in Berlin Bronze im Speerwerfen gewonnen hatte, das *Gasthaus zum Gockel* in Warschau. Es hatte zehn Tische und an den Wänden hingen Fotos von Sportlerinnen und Sportlern. Der Olympiasieger Janusz Kusociński bediente dort.

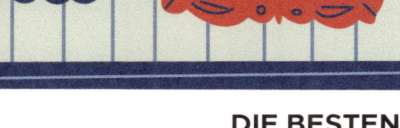

DER POLNISCHE NURMI

Janusz Kusociński sollte bei den Spielen 1932 mit der Nummer 364 starten. Er hielt das für ein gutes Zeichen, denn für ihn war die Quersumme daraus – 13 – eine Glückszahl. Und tatsächlich: Über 10.000 m holte er Gold.

DIE BESTEN WERDEN ERSCHOSSEN

In der polnischen Armee verteidigte Janusz Kusociński sein Land. Nach der deutschen Besetzung schloss er sich einer Untergrundbewegung an. Im *Gasthaus zum Gockel* arbeitete er undercover. Trotzdem wurde er enttarnt, inhaftiert und zusammen mit anderen polnischen Widerstandskämpferinnen und Widerstandskämpfern in Palmiry bei Warschau erschossen. Dort starb auch der Radsportler Tomasz Stankiewicz, Silbermedaillengewinner von Paris 1924.

EINEN TAG ZU FRÜH

In Paris 1924 bewältigte der finnische Leichtathlet Jaakko Luoma die 1.500-m-Strecke in 4 Minuten und 3,9 Sekunden. Er wurde damit 12. (und Letzter) im Finale. 16 Jahre später wurde ihm die Zahl Zwölf erneut zum Verhängnis. Luoma kam am 12. März 1940 in Karelien um. Einen Tag später endete der sogenannte »Winterkrieg« zwischen der UdSSR und Finnland …

OLYMPISCHE ARCHITEKTUR

Das »Helsingin olympiastadion« war ein vorbildliches, funktionales und minimalistisches Stadion, das 1938 eingeweiht wurde. Olympische Sportlerinnen und Sportler trafen dort allerdings erst 14 Jahre später aufeinander. Inzwischen wurde einer der Architekten, Yrjö Lindegren, selbst Olympiasieger. 1948 holte er in London bei den Kunstwettbewerben Gold in der Architekturkategorie »Städtebauliche Entwürfe«.

NACH HAUSE ZURÜCK

Der britische Ruderer John Lander hatte 1928 in Amsterdam Gold geholt. 1941 bekam er einen guten Job in Hongkong angeboten und somit die Gelegenheit, dahin zurückzukehren, wo er aufgewachsen war. Im selben Jahr kam Lander bei der Verteidigung von Stanley Fort, dem letzten Gefechtsort der Schlacht um Hongkong, ums Leben. Er war der einzige britische Olympiasieger, der im Zweiten Weltkrieg als Soldat der britischen Armee fiel.

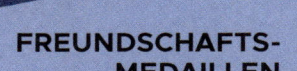

FREUNDSCHAFTS-MEDAILLEN

1936 hatten zwei japanische Stabhochspringer in Berlin dieselbe Höhe übersprungen. Nishida Shūhei bekam Silber und Ōe Sueo Bronze. Zurück in Japan schnitten die beiden ihre Medaillen in der Mitte durch und fügten je eine silberne und eine bronzene Hälfte zusammen. So entstanden die sogenannten Freundschaftsmedaillen. Ōe Sueo kam 1941 an der Front ums Leben.

LONDON
GROSSBRITANNIEN, 1944

Der Zweite Weltkrieg näherte sich seinem Ende. Mit der Landung der Alliierten in der Normandie 1944 wurde in Europa eine zweite Front gegen Nazideutschland eröffnet. Allerdings dauerte es bis zur deutschen Niederlage noch ein Jahr und den Ländern war nicht nach Sport zumute. Insgesamt forderte dieser Krieg mehr als 70 Millionen Menschenleben. Ein furchtbarer Preis, den die Welt dafür zahlen musste, dass sie einen Diktator nicht rechtzeitig aufhielt.

Abgesagt wegen des Zweiten Weltkriegs.

FEIERSTUNDE FÜR DEN SPORT
1944 beging das IOC in der Schweiz symbolisch sein 50-jähriges Bestehen. Vor der Universität Lausanne präsentierten Jugendliche ihr sportliches Können auf regennassem Asphalt. Der Schweizer Leichtathlet Paul Martin, Silbermedaillengewinner 1924 in Paris, hielt einen Vortrag über Pierre de Coubertin und den olympischen Sport. De Coubertins Witwe Marie nahm an einer feierlichen Kranzniederlegung am Grab ihres Mannes teil.

KRIEGS- UND BÜCHERHELD
Tommy Hitchcock war das Vorbild für die Figur des Tom Buchanan aus F. Scott Fitzgeralds Roman *The Great Gatsby*. Hitchcock war Pilot, Weltkriegsveteran, glänzender Polospieler, Olympiasieger in Paris 1924, Geschäftsmann und einfach großartig. Im Zweiten Weltkrieg war Hitchcock schon zu alt, um Pilot der Luftwaffe zu sein, also bildete er andere aus. 1944 kam er bei einem Flugzeugabsturz ums Leben.

NACH DEM KRIEG SEHEN WIR WEITER
Im Sommer 1939 entschied das IOC, wo 1944 die Spiele durchgeführt werden sollten. Gegen Rom, Detroit, Lausanne sowie Athen, Budapest, Helsinki und Montreal setzte sich London durch. Wegen des Kriegs erwartete London die Sportlerinnen und Sportler jedoch erst 1948.

NICHT ERSTER, ABER SCHNELLSTER
1936 wurde bei den Spielen in Berlin der 19-jährige US-amerikanische Läufer Louis Zamperini über 5.000 m Achter. Die letzte Runde rannte er jedoch schneller als die anderen. Selbst Adolf Hitler gratulierte ihm. Zu Kriegsbeginn beendete Zamperini seine Ausbildung bei der Luftwaffe und wurde Pilot eines schweren Bombers, um gegen Nazideutschland zu kämpfen.

OLYMPISCHE SPIELE IM LAGER
Im Juli und August 1944 wurde Kriegsgefangenen in den Lagern von Groß Born und Woldenberg im Osten des Deutschen Reichs die Durchführung sogenannter »Olympischer Spiele« gestattet. Auf dem Programm standen Fußball, Handball, Volleyball, Schach, Leichtathletik und ein Kunstwettbewerb. Die meisten Teilnehmer starben im Laufe des Jahres und erlebten die Befreiung nicht mehr.

VON OLYMPIA INS KZ
Estella Agsteribbe war eine niederländische Turnerin. In Amsterdam 1928 hatte sie mit der Mannschaft Gold geholt. Nachdem Deutschland die Niederlande besetzt hatte, war sie mit Mann und Kindern nach Auschwitz deportiert worden. Insgesamt starben vier Sportlerinnen aus dem niederländischen Turnerinnenteam sowie ihr Trainer in Vernichtungslagern. Sie mussten sterben, weil sie jüdischen Glaubens waren.

DER LANGE WEG NACH HAUSE
Louis Zamperinis Flugzeug stürzte über dem Pazifik ab, nur drei von elf Crewmitgliedern überlebten. Auf einem Boot trieben sie umher. Das Boot wurde mehrfach von japanischen Bombern getroffen, aber keiner der drei wurde verletzt. Nach 33 Tagen starb einer der Männer; nach 47 Tagen gerieten die beiden Überlebenden in Gefangenschaft. Es folgten zwei Jahre voller Qual und Folter in japanischen Kriegsgefangenenlagern. Nach Kriegsende kehrte Zamperini nach Hause zurück.

VERGEBUNG
Mutsuhiro Watanabe war Aufseher im Lager Ōmori. Tagtäglich quälte und schlug er die Gefangenen. Ganz besonders Louis Zamperini: Watanabe wollte seine Seele brechen. 1998 trug Zamperini bei den Olympischen Winterspielen in Nagano das olympische Feuer, nicht weit entfernt vom Ort seiner Gefangenschaft. Watanabe traf er dort nicht, diese hatte ein Treffen abgelehnt. Dennoch vergab Zamperini ihm.

TODESSEHNSUCHT
Baron Takeichi Nishi aus Japan gewann 1932 in Los Angeles mit seinem Pferd Uranus Gold im Springreiten. In der Schlacht um Iwojima kam er 1945 ums Leben. Eine Woche nach seinem Tod starb auch Uranus vor Gram. Nishi wurde sechzig Jahre später zum Vorbild für eine der Hauptfiguren in Clint Eastwoods Film *Letters from Iwo Jima*.

UNDERCOVER-TOUREN

1938 gewann der Italiener Gino Bartali die Tour de France. Im Zweiten Weltkrieg war er als Fahrradkurier für eine Untergrundbewegung in ganz Italien unterwegs. Er transportierte unter seinem Sattel gefälschte Dokumente für italienische Jüdinnen und Juden und verhalf ihnen so zur Flucht.

DOPPELZÜNGIGER RITTER

1912 in Stockholm nahm Karl Ritter von Halt an den Wettbewerben im Fünf- und im Zehnkampf teil, 1929 wurde er Mitglied des IOC und stand seit Mitte der 30er Jahre Hitler nahe. Einerseits versuchte er, die Welt glauben zu lassen, dass Deutschland ein Rechtsstaat sei und frei von Antisemitismus. Andererseits tat er alles, damit bei den Spielen 1936 keine jüdischen Sportlerinnen und Sportler antraten.

STRAFE OHNE STRAFE

Nach Deutschlands Niederlage 1945 kam Karl Ritter von Halt nach Buchenwald. Dort befand sich unter der sowjetischen Besatzung ein sowjetisches »Speziallager«. Als die UdSSR IOC-Mitglied werden wollte, forderte IOC-Präsident Sigfrid Edström die Freilassung seines Freundes Ritter von Halt. So konnte dieser 1950 wieder nach München zurückkehren. Später wurde er Präsident des westdeutschen Olympischen Komitees.

KEIN PLATZ FÜR RASSISMUS

Eine inzwischen widerlegte Legende besagt, dass der Leipziger Luz Long seinem afroamerikanischen Konkurrenten Jesse Owens 1936 in Berlin geraten habe, einige Zentimeter vor dem Absprungbrett abzuspringen, um die Weitsprung-Qualifikation zu schaffen. Owens soll den Rat befolgt haben. Fakt ist, dass er Gold gewann, Long Silber. Angeblich verband die beiden eine lebenslange Freundschaft und sie schrieben sich sogar noch Briefe, als Long zur deutschen Wehrmacht eingezogen worden war. 1943 fiel er auf Sizilien.

MANTEL DES SCHWEIGENS

Durch seine Tätigkeit im Untergrund rettete Gino Bartali Hunderten Jüdinnen und Juden das Leben. Er sprach auch nach dem Krieg nicht darüber, denn: »Gewisse Medaillen heftet man sich nicht an die Jacke, sondern an die Seele.« 2013 erhielt er posthum die Ehrung »Gerechter unter den Völkern«.

THE FASTEST HUMAN

»Der schnellste Mensch«: So betitelte der amerikanische Zeitungsredakteur und Herausgeber Charles Paddock seine Autobiografie. Er war Veteran des Ersten Weltkriegs, nahm an den Spielen in Antwerpen, Paris und Amsterdam teil, gewann vier Medaillen und stellte mehrere Weltrekorde auf. Im Zweiten Weltkrieg kehrte er dem Zeitungswesen den Rücken und ging wieder zur Armee. 1943 kam er bei einem Flugzeugabsturz ums Leben.

ERSCHIESSUNG STATT EHREN

Die herausragende Berliner Sportlerin Lilli Henoch hatte zehn deutsche Meisterschaften gewonnen und Weltrekorde im Diskuswerfen, Kugelstoßen und im 4 x 100-m-Staffellauf mit der Mannschaft aufgestellt. Doch weil sie Jüdin war, durfte Lilli 1936 nicht bei den Olympischen Spielen antreten. 1942 sollte sie in das Ghetto von Riga deportiert werden, kurz vor der Ankunft wurde sie erschossen.

DEM IDOL AUF DEN FERSEN

»Wenn ihr glaubt, dass ihr es könnt, dann könnt ihr es«, sagte Charles Paddock vor einer Gruppe von Schülern in Cleveland nach den Spielen 1920. Er scherzte, dass sich unter ihnen ein zukünftiger Olympiasieger befinden könnte. Und er sollte recht behalten: Unter den Anwesenden war der junge Jesse Owens, der 1936 in Berlin viermal Gold gewann.

SPORTSGEIST

Der Franzose Georges »Géo« André hatte viermal an Olympischen Spielen teilgenommen. In London 1908 gewann er Silber im Hochsprung, in Antwerpen 1920 Bronze mit der 4 x 400-m-Staffel. Im Ersten Weltkrieg wurde er verwundet und kam in Gefangenschaft. Wie er später sagte, rettete ihn der Sport vor dem Tod. Der Deutsche, der André gefunden hatte, war ebenfalls Läufer. Deshalb hatte er Erbarmen und ließ ihn am Leben. Im Zweiten Weltkrieg fiel André als Infanterist im Alter von 53 Jahren.

»TODESSPIEL«?

Im August 1942 spielte in Kiew eine lokale Werksmannschaft gegen ein Team aus Soldaten der deutschen Flugabwehr und gewann haushoch. Nach dem Krieg wurde in der Sowjetunion behauptet, die ukrainischen Spieler, von denen einige vor dem Krieg bei Dynamo Kiew gespielt hatten, seien von den Deutschen wegen der erlittenen Niederlage erschossen worden. Heute gilt diese Version als widerlegt. Tatsächlich sind aber einige der Spieler später in Gestapohaft und im KZ umgebracht worden.

FREUNDSCHAFT ÜBER DEN TOD HINAUS

Kurz vor seinem Tod bat Luz Long Jesse Owens in einem Brief, seinen Sohn Kai zu besuchen. 1951 kam Owens dieser Bitte seines Freundes nach. Später wurde Owens sogar Trauzeuge bei Kai Longs Hochzeit. Bei der Leichtathletik-WM in Berlin im August 2009 überreichten Owens' Enkelin Marlene Dortch und Kai Long gemeinsam mit seiner Tochter die Medaillen an die Sieger im Weitsprung.

LONDON
GROSSBRITANNIEN, 1948

An den ersten Spielen nach dem Zweiten Weltkrieg durften Deutschland und Japan, die den Krieg begonnen hatten, nicht teilnehmen. Die Welt musste sich vom Leid der vergangenen Jahre erholen. Großbritannien steckte nach dem Krieg in einer Wirtschaftskrise und musste drastisch sparen. Lebensmittel gab es nur streng rationiert. Viele fanden, Olympische Spiele seien jetzt unangebracht, aber London wollte die XIV. Spiele um jeden Preis. Sie gingen als die »Spiele der Entbehrung« in die Geschichte ein.

Erfolgreichstes Land:
USA – 84 38 27 19

Medaillensiegerin:
Fanny Blankers-Koen, Niederlande, Leichtathletik 4

Anzahl Aktive / Länder:
4.104 / 59

Gesamt:
136 Medaillensätze in 17 Sportarten

FRIEDENSSTAFFEL
Im Wembley-Stadion verfolgten 85.000 Menschen den Beginn der Spiele. Aus 21 Kanonen ertönten Salutschüsse und King George VI. begrüßte feierlich die Staffel mit dem olympischen Feuer. John Mark, britischer Medizinstudent und Läufer von der Cambridge-Universität, entzündete die Flamme.

MIT DEM FLORETT ZUM SIEG
Die ungarisch-jüdische Fechterin Ilona Elek hatte Hitler 1936 in Berlin mit ihrem Sieg ziemlich wütend gemacht. Zwölf Jahre später, im Alter von 41 Jahren, verteidigte sie ihren Titel in London und vervollständigte bei den nächsten Olympischen Spielen in Helsinki ihre Sammlung sogar noch mit Silber.

EIER FÜR DIE OLYMPIASTADT
Die britische Bevölkerung musste an allem sparen: Es gab kein Benzin – die Sportlerinnen und Sportler erreichten die Wettbewerbe mit öffentlichen Verkehrsmitteln. Die Lebensmittel waren knapp – die Athletinnen und Athleten bekamen festgelegte Rationen oder aßen zu Hause. Andere Länder kamen London aber zu Hilfe. Dänemark steuerte 160.000 Eier bei und die Niederlande über 100 Tonnen Obst.

ERFOLGE = EINNAHMEN
Das Organisationsteam der Spiele hatte gehofft, keine Schulden zu machen. Am Ende verdiente es sogar 29.000 Pfund. Es war eine bescheidene Summe, die aber äußerst wichtig war, weil das Land mit riesigen Staatsschulden am Rande des Ruins stand.

GOLDENES PFERD
Drei finnische Athleten zeigten am Pferd genau die gleichen Leistungen: So bekamen alle drei Gold. Die Turner aus den anderen Ländern blieben ohne Silber und Bronze zurück. Überhaupt wurde das Geräteturnen für die Finnen mit zehn goldenen Medaillen ein großer Erfolg.

GEBT DIE MEDAILLEN ZURÜCK!
Nach einem Protest der US-Mannschaft musste das französische Leichtathletikteam seine Goldmedaillen im 4 x 400-m-Staffellauf zurückgeben. Die US-Amerikaner waren tatsächlich die Schnellsten, bekamen ihre Goldmedaillen aber erst drei Tage nach dem Rennen. Es mussten erst Filmaufnahmen ausgewertet werden, weil man dachte, die US-Amerikaner hätten einen Fehler bei der Staffelübergabe begangen.

»FLIEGENDE HAUSFRAU«
Sie solle auf ihre Kinder aufpassen und nicht laufen, riet die britische Presse der niederländischen Leichtathletin Fanny Blankers-Koen. Doch ihre vier olympischen Goldmedaillen über 100 m, 200 m, 80 m Hürden und in der Frauenstaffel über 4 x 100 m zeigten, dass man auch mit dreißig Jahren und als Mutter eine weltweit erfolgreiche Sportlerin sein konnte.

DER ANTRIEB BEIM SPRINT
Startblöcke waren *die* technische Erfindung dieser Spiele. Athletinnen und Athleten stützten sich mit den Füßen daran ab und schossen so beim Start wie ein Pfeil davon. Heutige Startblöcke sind etwas komplizierter aufgebaut, aber ihr Grundprinzip funktioniert noch immer nach »Londoner Art«.

»GOTT SCHÜTZE DIE KÖNIGIN«
Als im Stadion die britische Hymne erklang, war die niederländische Sprint-Königin Fanny Blankers-Koen enttäuscht. Sie dachte, sie hätte das hart umkämpfte 80-m-Finale verloren und nun würde ihre britische Konkurrentin geehrt. Man spielte die Hymne aber zu Ehren der Königsfamilie auf der Tribüne und verlieh Blankers-Koen Gold, dank des damaligen Wunders der Technik: der elektronischen Stoppuhr.

KLAVIER UND GOLDMEDAILLE

Micheline Ostermeyer aus Frankreich spielte am Konservatorium Chopin und Beethoven, bevor sie im Stadion zum Kugelstoßen und Diskuswerfen ging. In ebendiesen Disziplinen gewann sie in London. Nach ihrem olympischen Triumph füllte sie in der ganzen Welt die Konzertsäle.

SCHIESSEN MIT DER »FALSCHEN« HAND

Der ungarische Schütze Károly Takács hatte seine rechte Hand durch eine Explosion während einer Militärübung verloren, nicht aber seinen Kampfgeist. Er schulte auf die linke Hand um und holte mit der Schnellfeuerpistole sensationell Gold. In Helsinki 1952 verteidigte Takács seinen Titel.

ZWEI KRIEGE, ZWEI OLYMPISCHE SPIELE, ZWEI GOLDMEDAILLEN

Im Zweiten Weltkrieg sowie im Koreakrieg (1950–1953) war der Leichtathlet Mal Whitfield Soldat der US-Luftwaffe. Vor seinem Einsatz in Korea gewann er in London 1948 Gold über 800 m. Nach der Zeit in Korea holte er erneut Gold in Helsinki. Nach Beendigung seiner Sportkarriere besuchte er als Sportbotschafter über 130 Länder.

BBC – DIE AUGEN DER OLYMPISCHEN SPIELE

Die olympischen Wettbewerbe wurden zwar im Fernsehen übertragen, es war aber nicht überall möglich, sie anzuschauen. Ein Fernseher war Luxus, den besten Empfang gab es in London im Umkreis von 25 Meilen (etwa 40 km) um die Sendestation im Alexandra Palace.

ACHT VON ZEHN

Seit 1928 dominierte Indien in seiner Nationalsportart Hockey alle Spiele. Im olympischen Finale spielte Indien ausgerechnet gegen die ehemalige Kolonialmacht Großbritannien und holte in London zum ersten Mal seit der Unabhängigkeit von Großbritannien Gold. Insgesamt gewannen die Meister des Hockeyschlägers aus dem bevölkerungsreichsten Land der Welt achtmal bei Olympischen Spielen. Das sind 80 % aller indischen Goldmedaillen.

VON AUSCHWITZ INS SCHWIMMBECKEN

Alfred Nakache, ein jüdischer Schwimmer und Wasserballspieler aus Frankreich, verlor seine zweijährige Tochter und seine Frau im Konzentrationslager Auschwitz. Er selbst wurde von Aufsehern gequält und dazu gezwungen, in einem Wasserbecken nach Müll zu tauchen. Nach allem, was er durchgemacht hatte, erreichte Nakache das Halbfinale im 200-m-Brustschwimmen und trat mit der französischen Olympiawasserballmannschaft an.

UNSINKBAR

Greta Andersen aus Dänemark wäre im Schwimmwettbewerb über 400 m Freistil fast im Becken ertrunken, weil sie ohnmächtig wurde. Ihr waren Medikamente gespritzt worden, die dafür sorgen sollten, dass sie ihre Periode nicht bekam, aber offenbar mit Nebenwirkungen. Kurz zuvor hatte sie Gold über 100 m Freistil und Silber in der Staffel gewonnen. Später wurde Greta die erste Frau, die sechsmal den Ärmelkanal durchschwamm.

SPARTANISCHES LONDON

Nicht ein einziges Gebäude wurde für die Spiele neu gebaut: Die Teilnehmenden lebten in Armeeunterkünften. Anstelle von Flutlichtern beleuchteten Autoscheinwerfer das Stadion. Der Boxring stand auf einer Plattform über dem Schwimmbecken, aus dem das Wasser seit dem Krieg nicht abgelassen worden war. Den Boxern tränten die Augen vom Chlor.

MIT KNOCHENBRUCH ZUM GOLD

Der tschechoslowakische Boxer Július Torma schlug seinen kanadischen Gegner im Boxring so stark, dass der zwar k. o. ging, Torma sich dabei aber die Hand brach. Um das Turnier nicht aufgeben zu müssen, verbarg er die Verletzung. Torma schaffte es, die nächsten drei Kämpfe trotz Bruch zu gewinnen und Gold zu holen. Man nannte ihn bei diesen Spielen den größten Meister der Verteidigung.

WECKT DEN CHAMPION!

Der 17-jährige Robert Mathias aus den USA schlief nach zwei Tagen Zehnkampf erschöpft ein. Er musste zur Siegerehrung geweckt werden, um dort Gold entgegenzunehmen. Der junge Mann übte seine Disziplin erst seit vier Monaten aus. 1952 in Helsinki verteidigte Mathias den Titel. Nach Ende seiner Sportkarriere arbeitete er in den USA im Kongress.

ÄLTESTER MEDAILLENGEWINNER

Der Brite Tebbs Lloyd Johnson wurde Dritter im 50-km-Gehen und ist bis heute mit seinen damals 48 Jahren der älteste Sportler, der je eine Leichtathletikmedaille gewann.

HELSINKI
FINNLAND, 1952

Nach dem Zweiten Weltkrieg ging es für die Welt unruhig weiter. Zwischen der Sowjetunion, die zum ersten Mal an Olympischen Spielen teilnahm, und den USA herrschte der Kalte Krieg. In Korea kämpften Norden und Süden bereits seit zwei Jahren erbittert gegeneinander, auch andere Länder waren daran beteiligt. Erneut war die Durchführung der Spiele bedroht. Sie fanden aber doch statt, dort, wo sie schon 1940 hätten stattfinden sollen. Dabei traten auch Mannschaften aus Westdeutschland und dem Saarland an, jedoch keine aus der DDR.

Erfolgreichstes Land: USA – 76   40 19 7

Medaillensieger: Wiktor Tschukarin, UdSSR (Ukraine), Geräteturnen   4 2

Anzahl Aktive / Länder: 4.955 / 69

Gesamt: 149 Medaillensätze in 17 Sportarten

72,71 METER
Im Olympiastadion von Helsinki war bereits für die Spiele von 1940, die dann wegen des Kriegs abgesagt worden waren, ein Turm zu Ehren des finnischen Speerwerfers Matti Järvinen gebaut worden. Die Höhe des Turms entsprach der Weite von Järvinens olympischem Rekordwurf in Los Angeles 1932. Später warf der Sportler den Speer noch weiter, doch die Höhe des Turms wurde für 1952 nicht mehr verändert.

AUS DEM KONZENTRATIONSLAGER ZUM WELTERFOLG
Der Ukrainer Wiktor Tschukarin war in 17 deutschen Konzentrationslagern inhaftiert und wog nur noch 40 kg, als er nach Hause zurückkam. Seine Mutter erkannte ihn nur an einer Narbe aus der Kindheit. In Helsinki holte Tschukarin viermal Gold und zweimal Silber: So hinterließ der sowjetische Turner für immer seine Spur in der Sportwelt. Tschukarin gewann in seiner gesamten Karriere sieben olympische Goldmedaillen.

GEFÄHRLICHES MEER
Mit einer beweglichen »Wand« aus Schiffen wurde ein Teil der Bucht, in dem die Kanutinnen und Kanuten wetteiferten, gegen Wind und Wellen abgeschirmt.

GEBOREN, UM ZU SIEGEN
Die tschechoslowakische Leichtathletin Dana Zátopková und ihr Mann, der Läufer Emil Zátopek, hatten am selben Tag im selben Jahr Geburtstag und gewannen am selben Tag die höchste olympische Auszeichnung. Nur wenige Stunden nach ihrem Mann gewann die Speerwerferin Gold. Als Glücksbringer hatte sie seine Medaille dabei.

FÜR DICH, PAPA
Der US-Kanute Frank Havens widmete seine Goldmedaille im Einer-Kanadier über 10.000 m seinem Vater Bill. 1924 galt Bill Havens als Favorit, war aber nicht zu den Spielen nach Paris gefahren, sondern bei seiner schwangeren Frau zu Hause geblieben. Wie sich zeigte, gebar sie einen Olympiasieger.

SPIELE, DIE BIS HEUTE DAUERN
Der Schwede Sigfrid Edström, damaliger Präsident des IOC, hatte bei der Abschlussfeier seinen vorbereiteten Text verloren und vergaß in seiner improvisierten Rede den entscheidenden Satz: »Ich erkläre die XV. Olympischen Spiele für beendet.«

GOLDENE TAGE FÜR DIE GASTGEBER
Die beiden finnischen Kanuten Kurt Wires und Yrjö Hietanen besiegten im Rennen über 10.000 m ihre schwedischen Gegner mit 0,4 Sekunden Vorsprung. Am nächsten Tag im Rennen über 1.000 m gewannen die beiden wieder knapp – erst nach Auswertung der Zielfotos.

AUSTRALIEN VORAN!
1952 erklang die heutige Hymne Australiens zum ersten Mal bei Olympischen Spielen, als die 21-jährige Australierin Marjorie Jackson die berühmte Fanny Blankers-Koen aus den Niederlanden vom olympischen Treppchen stieß. Die australische Sprinterin holte Gold über 100 m und 200 m.

LEG DIE KUTTE AB UND STEIG AUFS RAD!
Nach zwei Reifenschäden bei den vorherigen Spielen wurde der australische Radrennfahrer Russel Mockridge Priester. Man überredete ihn aber, in das olympische Team zurückzukehren. Mit 24 Jahren gewann er zwei Goldmedaillen. Sechs Jahre später verunglückte er tödlich, als er bei einem Rennen mit einem Bus zusammenstieß.

VON DER ARMEE ZU DEN OLYMPISCHEN SPIELEN
Tommy Kono, US-Gewichtheber mit japanischen Wurzeln, war in die Armee einberufen worden und sollte in den Koreakrieg geschickt werden. Die Ausbilder erkannten jedoch sein Talent und schickten Kono zur Olympia-Qualifikation. Er bekam einen Platz im Olympiateam und später in Helsinki eine Goldmedaille. Vier Jahre später in Melbourne war Kono erneut der Stärkste.

AUF DIE HYMNE VORBEREITET?
Der Leichtathlet Josy Barthel aus Luxemburg weinte auf der höchsten Stufe des Siegertreppchens. Niemand hatte mit seinem Erfolg im 1.500-m-Lauf gerechnet und so improvisierte auch das Orchester die Hymne seines Landes ziemlich schlecht. Mittlerweile ist man auf die luxemburgische Hymne vorbereitet, doch es gab bisher keine Gelegenheit mehr, sie zu spielen.

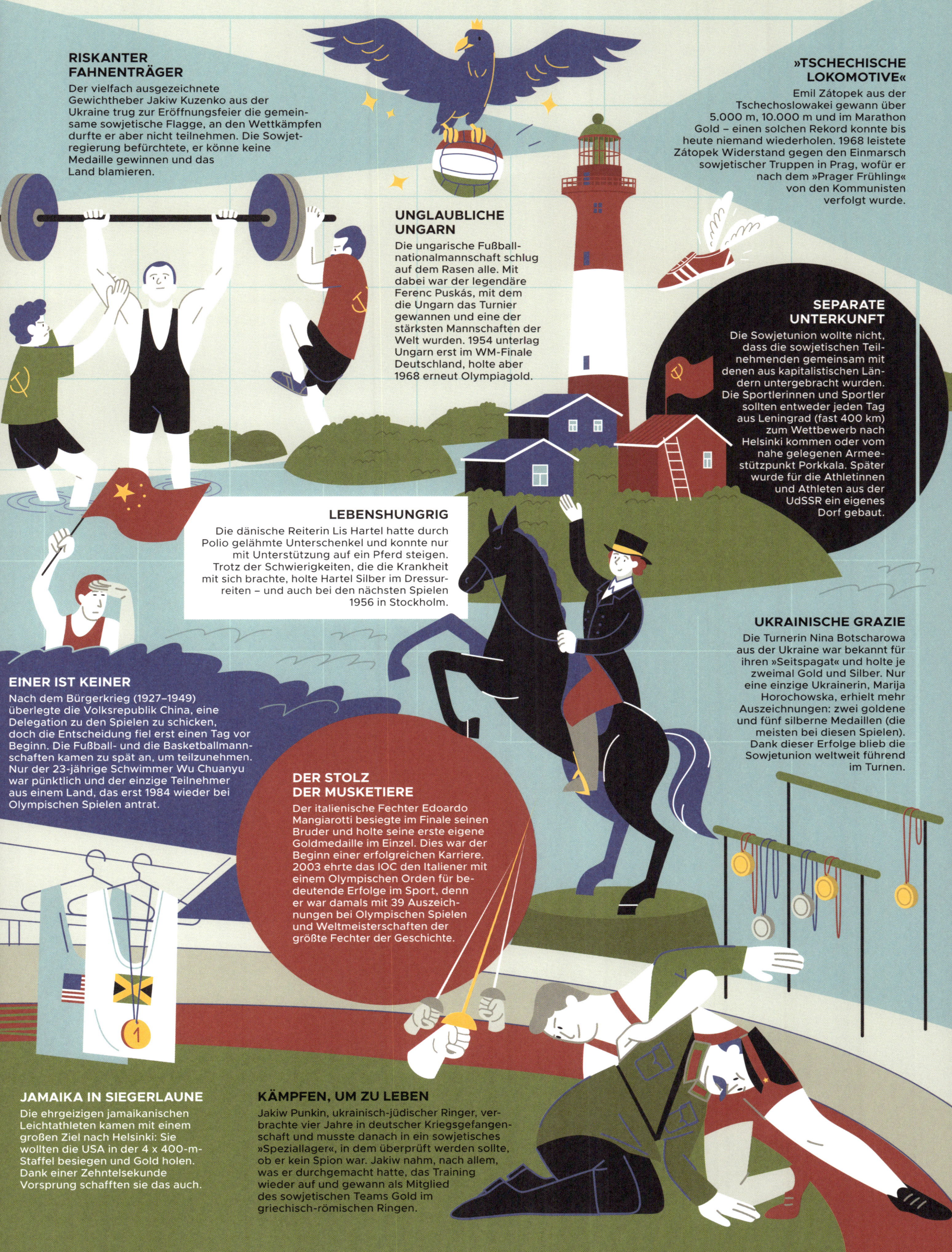

MELBOURNE
AUSTRALIEN, 1956

Auch elf Jahre nach Kriegsende kam die Welt kaum zur Ruhe. Die Olympischen Spiele sollten »freundschaftlich« sein, doch kurz vor Beginn schlug die Sowjetunion einen Volksaufstand in Ungarn nieder. Der Konflikt zwischen den westlichen und den sozialistischen Ländern übertrug sich auf die Spiele. Zusätzlich sorgte ein Konflikt um den Suezkanal für Spannungen. Der Spruch »Sport hat nichts mit Politik zu tun« galt nicht. Zum ersten Mal fanden die Spiele innerhalb von drei Jahreszeiten auf zwei Kontinenten statt.

Erfolgreichstes Land:
UdSSR – 98   37   29   32

Medaillensiegerin:
Ágnes Keleti, Ungarn, Gerätturnen   4   2

Anzahl Aktive / Länder:
3.314 / 72

Gesamt:
151 Medaillensätze in 17 Sportarten

SOMMER, HERBST, WINTER
Die Wettkämpfe zogen sich von der Eröffnung im November bis zum Abschluss im Dezember. Viele Teilnehmende waren zum Saisonende nicht in Höchstform. Die Reitwettbewerbe fanden ein halbes Jahr zuvor im schwedischen Stockholm auf dem europäischen Kontinent statt, da die australische Regierung die sechsmonatige Quarantänepflicht für Pferde nicht aussetzen wollte.

DAS FEUER, ES BRENNT
Der 19-jährige australische Leichtathlet Ronald Clarke entzündete im *Melbourne Cricket Ground* im Beisein von 103.000 Zuschauern und des Herzogs von Edinburgh das olympische Feuer. Eine Bronzemedaille holte Clarke 1964 in Tokio. In Mexico City 1968 starb er fast an Höhenkrankheit und wurde später Bürgermeister der australischen Stadt Gold Coast.

HEIMVORTEIL IM BECKEN
Im eigens für die Spiele gebauten olympischen Schwimmstadion wuchs die australische Mannschaft über sich hinaus. Sie gewann in allen Freistilwettbewerben der Männer und Frauen. Sie holte im Schwimmen insgesamt acht goldene, vier silberne und zwei bronzene Medaillen. Bis heute finden hier Wettkämpfe statt.

ALGEN, SESAM UND SAATEN
Mit nur 17 Jahren wurde Murray Rose aus Australien der jüngste olympische Schwimmer, der dreimal Gold bei denselben Olympischen Spielen gewann. Neben seinem sportlichen Erfolg interessierten sich alle für seine Ernährung: Rose war von Kind an Veganer, Verfechter von Rohkost und biologisch angebautem Obst und Gemüse. Er vergrößerte seine Medaillensammlung 1960 in Rom und wurde nach seiner Sportkarriere Kommentator und Wohltäter.

EINER FÜR BEIDE
Die Volksrepublik China (Hauptstadt Peking) boykottierte die Olympischen Spiele, weil die Republik China, auch bekannt als Taiwan (Hauptstadt Taipeh), zu den Spielen eingeladen war. Ihre zwanzig Athleten gewannen jedoch keine Medaillen und traten ab 1984 unter dem Namen »Chinesisch Taipeh« an.

BLUTSPIEL VON MELBOURNE
Es war ein erbittertes Halbfinale im Wasserball: Gegen die Sowjetunion stand es 4:0 für Ungarn. Ein sowjetischer Spieler schlug seinem Gegner ins Gesicht, das Publikum wurde wütend, die Polizei griff ein, das Spiel wurde abgebrochen und Ungarn zum Sieger erklärt. Im Finale bezwang es das ehemalige Jugoslawien. Dieser Zweikampf wurde im Film *Freedom's Fury* über den ungarischen Volksaufstand aufgegriffen.

TEXAS-COWBOY – DER SPRINTERKÖNIG
Dem Texaner Bobby Morrow gelang im Sprint ein Dreifachsieg: Er gewann über 100 m, 200 m und die 4 x 100-m-Staffel. Zwei Jahre nach seinem Erfolg in Melbourne wurde Morrow Zimmermann. Als er später in den Weltsport zurückkehren wollte, konnte er sich für das Olympiateam nicht einmal mehr qualifizieren …

ALLES IN EINEN KORB
Die US-Basketballmannschaft schlug Thailand mit 72 Punkten Vorsprung und im Finale gegen die Sowjetunion lag sie mit 34 Punkten vorn. Die US-Amerikaner gewannen jedes Spiel in Melbourne mit durchschnittlich 53,5 Punkten Vorsprung. So holten sie zielsicher Gold, auch bei den nächsten drei Spielen.

EIN HEFTIGER ENDSPURT
Der Ukrainer Wolodymyr Kuz brachte der Sowjetunion zwei Goldmedaillen im Lauf über 5.000 m und 10.000 m. Er schlug seine Konkurrenten in einem letzten Sprint, kurz vor der Ziellinie. Wegen der hohen Belastung erkrankte er schwer und musste den Sport aufgeben. Er trank zu viel Alkohol und starb mit 48 Jahren an einer Überdosis Schlafmittel.

AUSTRALISCHER PFEIL
Elizabeth Cuthbert aus Australien stellte schon als Schülerin einen neuen Weltrekord über 200 m auf. Mit nur 18 Jahren gewann sie bei diesen Spielen dreimal Gold im Sprint: 100 m, 200 m, 4 x 100-m-Staffel. Sie hatte einen unverwechselbaren Laufstil: die Knie weit hochgezogen und der Mund weit geöffnet. Acht Jahre später holte Cuthbert in Tokio eine weitere Goldmedaille über 400 m.

GOLDHOCHZEIT
Olga Fikotová spielte im tschechoslowakischen Team sowohl Basketball als auch Handball und erlernte zwei Jahre vor den Spielen außerdem das Diskuswerfen. In Melbourne gewann sie damit die einzige olympische Goldmedaille für ihr Land und verliebte sich in den US-Amerikaner Harold Connolly, Goldmedaillengewinner im Hammerwurf. Zur Hochzeit der beiden erschien das legendäre Olympiasiegerpaar Emil Zátopek und Dana Zátopková.

ORFEU NEGRO
Das Logo des FC São Paulo zieren zu Ehren von Adhemar Ferreira da Silva zwei Sterne. Dieser brasilianische Leichtathlet gewann nach Helsinki 1952 im Dreisprung auch in Melbourne Gold. Nach seiner Sportkarriere spielte da Silva eine Rolle im Musikfilm *Orfeu Negro*, der beim Filmfestival in Cannes mit einer Goldenen Palme ausgezeichnet wurde.

VIP-TICKET OHNE RÜCKFLUG
Die fünffache Olympiasiegerin und Turnerin Ágnes Keleti kehrte nach dem Volksaufstand nicht nach Ungarn zurück. Die erfolgreichste Sportlerin dieser Spiele, deren Vater als Jude in Auschwitz ermordet worden war, hatte den Holocaust überlebt und bekam nun in Australien Asyl. Keleti emigrierte später nach Israel. Ihr Name ging in die »International Gymnastics Hall of Fame« ein.

DER VIERFACH GLÄNZENDE DISKUS
Der US-Student Alfred Oerter erreichte bei seinen ersten Olympischen Spielen beim ersten Wurf mit dem Diskus 56,36 m. Er gewann auch bei den nächsten drei Spielen und wurde so der erste Leichtathlet, der viermal in Folge Olympiasieger war.

SUEZ-BOYKOTT
Anfang November 1956 gab es einen militärischen Konflikt zwischen Frankreich, Großbritannien – das die Kontrolle über den Suez-Kanal wiedererlangen wollte – und Israel – dem es um eigene Sicherheitsfragen ging – auf der einen Seite und Ägypten auf der anderen Seite. Ägypten, Libanon, Irak und Kambodscha boykottierten daher die Spiele.

ELEKTRONISCHE TREFFERANZEIGE
Erstmalig wurde bei den Spielen in Melbourne mithilfe einer elektronischen Trefferanzeige ermittelt, wer im Fechten mit dem Florett gesiegt hatte. Wenn die Spitze einen Treffer landete, blinkte ein rotes oder grünes Licht auf. Für den Säbel wurde dieselbe Technologie erst 1988 in Seoul eingesetzt. Der Degen wurde schon 1936 in Berlin »elektronisch«.

GEMEINSAM SIND WIR STÄRKER
Bei diesen Sommerspielen traten Ost- und Westdeutsche erstmals nach dem Krieg unter einer Flagge an. Als Hymne für ihre gemeinsame Mannschaft einigten sie sich auf Beethovens »Ode an die Freude«. Das Team erreichte im Medaillenspiegel Platz 9 und fuhr zu sechs weiteren Sommer- und Winterspielen. Dann trennten sie sich in eine BRD- und eine DDR-Mannschaft und vereinten sich erst 1992 wieder zu einer deutschen Mannschaft.

ABSOLUTE MEISTERIN
Die ukrainische Turnerin Laryssa Latynina gewann als Mitglied des sowjetischen Teams sowohl die Mannschafts- als auch die Gesamtwertung. Sie holte Gold im Bodenturnen und Pferdsprung, Silber am Stufenbarren und Bronze in der Gruppengymnastik. Weitere Medaillen bekam sie 1960 in Rom und 1964 in Tokio. Im Laufe ihrer gesamten olympischen Laufbahn errang Latynina neunmal Gold, fünfmal Silber, viermal Bronze. Das ist Rekord unter den Frauen.

DIE UNGLÜCKSZAHL 13 FÜR DEN GLÜCKLICHEN VATER
Beinahe hätte Alain Mimoun 1944 bei einer Schlacht am italienischen Monte Cassino ein Bein verloren. Nach dem Krieg wurde der aus Algerien stammende Athlet in Frankreich führender Langstreckenläufer. Einen Tag vor dem Marathon bekam er ein Telegramm über die Geburt seiner Tochter. Ganz beflügelt besiegte er mit der Startnummer 13 den Tschechen Emil Zátopek. Mimoun empfing seinen langjährigen Konkurrenten am Ziel und umarmte ihn.

GEMEINSAMER UMZUG
Zur Abschlussfeier liefen die Athleten zum ersten Mal in einem großen, gemischten Umzug ein, anstatt nach Ländern getrennt und in alphabetischer Reihenfolge. In einer Welt voller Konflikte sollte diese Neuerung die Einheit zwischen den Ländern symbolisieren. Die Idee stammte von dem australischen Tischlerlehrling John Ian Wing. Seither gehört der gemeinsame Umzug zur olympischen Tradition.

EUROPA GEGEN DIE PANZER
Die ungarische Delegation flog von Prag aus nach Melbourne, weil der Aufstand gegen das kommunistische Regime in Budapest andauerte. Zur Eröffnungsfeier erschien sie aufgrund der Aggression aus Moskau und der grausamen Niederschlagung des Aufstands durch sowjetisches Militär mit Trauerflor. Die Niederlande, Spanien und die Schweiz boykottierten die Spiele.

XVII

ROM
ITALIEN, 1960

1908 konnte Italien die Olympischen Spiele wegen des Ausbruchs des Vesuvs nicht austragen. 52 Jahre später fanden sie nun in Rom statt. In der Ewigen Stadt am Tiber vereinten sich Sport und Kultur miteinander. Italien nutzte die Bedeutung seiner Kultur so gut wie möglich; Moderne und Antike waren eng miteinander verwoben. So, wie sich Pierre de Coubertin das immer gewünscht hatte …

Erfolgreichstes Land:
UdSSR – 103   43   29   31

Medaillensieger:
Boris Schachlin, UdSSR (Russland), Geräteturnen   4   2   1

Anzahl Aktive / Länder:
5.338 / 83

Gesamt:
150 Medaillensätze in 17 Sportarten

ANGESCHLAGENER REITER
Der australische Farmer Bill Roycroft lag nach einem Sturz mit Gehirnerschütterung und zahlreichen Verletzungen im Krankenhaus. Der 45-jährige Vielseitigkeitsreiter ließ sein Team dennoch nicht hängen, als es um Gold in der Mannschaftswertung ging. Roycroft verließ das Krankenhaus, wurde auf sein Pferd gesetzt und holte mit seinen Kollegen Gold. Er sollte noch zweimal Bronze gewinnen: 1968 in Mexico City und 1976 in Montreal.

JAPANS OLYMPIONIKE
Der japanische Turner Takashi Ono holte dreimal Gold, einmal Silber und zweimal Bronze. Bei der Eröffnungsfeier trug er die Flagge seines Landes. Bei den nächsten Spielen in Tokio sprach er im Namen der Sportlerinnen und Sportler den olympischen Eid und gewann sein fünftes Olympiagold.

BÄRENKRÄFTE
Jurij Wlassow aus der Ukraine bewies schon bei der Eröffnungsfeier seine Kraft, als er die sowjetische Flagge mit nur einer Hand trug. Zwischen 1959 und 1963 war der Gewichtheber ungeschlagen und gewann jeden Wettbewerb, an dem er teilnahm. In Rom holte er Gold für das Team der UdSSR.

KÖNIGLICHE LEIDENSCHAFT
Der griechische Thronfolger Prinz Konstantinos, später Konstantin II., König von Griechenland, verdiente sich in Rom sportliche Lorbeeren als Segler der Drachenklasse und gewann Gold mit seinem Team. Als Ersatzfrau war auch seine Schwester Sophia, die zukünftige Königin von Spanien, in der Mannschaft.

SCHNELLER GEHER
Der ukrainische Geher Wolodymyr Holubnytschyj war nicht der einzige sowjetische Hoffnungsträger, aber wegen Regelverstößen auf der Strecke wurden einige seiner Teammitglieder disqualifiziert. Im 20-km-Gehen setzte er sich gegen den Australier Noel Freeman durch und holte Gold. Bei den folgenden drei Olympischen Spielen gewann er Bronze, Gold und Silber.

KEIN FINALE, ABER DER HIT
Der westdeutsche Sprinter Martin Lauer wurde nach seinem Karriereende Countrysänger. Seine Platten wurden millionenfach verkauft. Seinen berühmtesten Hit, »Sacramento«, schrieb Lauer angeblich auf der Strecke, als er mit dem deutschen Team im 4 x 100-m-Staffellauf Gold gewann, nachdem die USA wegen eines Wechselfehlers disqualifiziert worden waren.

INNOVATIVES TRAINING
Bei den vorhergegangenen Spielen in Melbourne war der Brite Donald Thompson kurz vor dem Ziel dehydriert zusammengebrochen. In Vorbereitung auf Rom härtete er sich ab: Mit Wasserdampf und Heizung trainierte er warm angezogen im Badezimmer und gewann so mit 17 Sekunden Vorsprung Gold im 50-km-Gehen.

KAUM ZU GLAUBEN, ABER WAHR
Wilma Rudolph aus den USA war das 20. von 22 Kindern. Mit vier Jahren erkrankte sie an Polio und ihr linkes Bein war gelähmt. Dennoch konnte sie mit elf Jahren wieder vollständig gehen, begann mit 13 an Wettrennen teilzunehmen und gewann mit zwanzig in Rom drei Goldmedaillen im Sprint: über 100 m, 200 m und mit der 4 x 100-m-Staffel.

GANZ IN RUHE OHNE SCHUHE
Wenige Stunden vor dem Marathon hatte der äthiopische Läufer Abebe Bikila nur ein durchgelaufenes Paar Schuhe zur Verfügung, also lief er barfuß. Fans scherzten, er habe sein letztes Geld für die Reise nach Rom ausgegeben, aber Bikila ließ seine Konkurrenten locker weit hinter sich. In Tokio 1964 wiederholte er seinen Triumph, diesmal mit Schuhen.

TOKIO XVIII
JAPAN, 1964

Für Japan waren die Olympischen Spiele ungemein wichtig. Das Land wollte nach den Zerstörungen durch den Zweiten Weltkrieg erneut ein mächtiger Staat werden. Wiederaufbau, Frieden und Völkerverständigung prägten diese Spiele. Sakai Yoshinori entzündete das olympische Feuer. Er war an jenem Tag, dem 6. August 1945, zur Welt gekommen, als über Hiroshima eine Atombombe explodiert war und man fürchtete, dass es in Japan kein Leben mehr geben könnte. Dass er die Fackel trug, galt als Aufruf zu Frieden und als Zeichen des Respekts gegenüber den Opfern. So etwas sollte nie wieder geschehen.

Erfolgreichstes Land:
USA – 90

Medaillensieger:
Donald Schollander, USA, Schwimmen 4

Anzahl Aktive / Länder:
5.151 / 93

Gesamt:
163 Medaillensätze in 19 Sportarten

LIVE IM FERNSEHEN!
Dank des Satelliten *Syncom* wurden die Wettbewerbe erstmals live im europäischen und US-Fernsehen übertragen. Aufzeichnungen mussten nicht mehr auf Filmrollen per Flugzeug ins Fernsehstudio geschickt werden.

PFERDEFLÜSTERER
Im Reitsport führte das gesamtdeutsche Team den Medaillenspiegel mit sechs Auszeichnungen an. Zur Goldmedaille im Mannschaftsdressurreiten trug auch Reiner Klimke bei. Es war sein erstes Olympiagold. Dank seiner einzigartigen Bindung zu Pferden gewann er im Laufe der folgenden 24 Jahre noch fünf Gold- und zwei Bronzemedaillen.

SCHWARZ UND WEISS
Zwei Jahre vor den Spielen war Nelson Mandela, der wichtigste Widerstandskämpfer gegen die Rassentrennung in Südafrika, inhaftiert worden. Das südafrikanische Team wurde von den Spielen ausgeschlossen, weil das Land Schwarze diskriminierte. Erst 1992 wurde es wieder Teil der olympischen Familie, als es in Barcelona mit schwarzen Sportlerinnen und Sportlern antrat und Mandela der erste Präsident des neuen Südafrikas wurde.

HAJIME! ES KANN LOSGEHEN!
Zum ersten Mal war Judo (Japanisch für »sanfter Weg«) olympische Disziplin. Nur Männer nahmen daran teil. Drei Goldmedaillen gingen an die japanischen Judoka. Dem vierten Gold in der »offenen Klasse« stand der riesige Niederländer Anton Geesink im Wege, der den japanischen Meister Akio Kaminaga besiegte.

FAIR PLAY
Diesen Preis konnte man nicht mit einem ersten Platz gewinnen: Die Fair-Play-Trophäe wurde an Teilnehmende verliehen, die sich selbstlos für Gerechtigkeit und Respekt gegenüber anderen einsetzten. Die schwedischen Segler Lars Gunnar Käll und Stig Lennart Käll waren die Ersten, die mit ihr ausgezeichnet wurden. Die Brüder retteten das australische Team, dessen Boot zu sinken drohte.

UNBESIEGBARER MEISTER
Der 23-jährige japanische Ringer Osamu Watanabe holte im Freistil im Federgewicht die Goldmedaille. Es heißt, er habe innerhalb von drei Jahren keinen Kampf verloren. Das dürften je nach Zählweise 200 bis 300 Kämpfe gewesen sein. Nach den Spielen beendete Osamu Watanabe seine sportliche Karriere.

ALLESKÖNNERIN
Die 24-jährige britische Leichtathletin Mary Rand holte Gold im Weitsprung, Silber im Fünfkampf und Bronze in der 4 x 100-m-Staffel. Damit war sie die erste Britin, die in der Leichtathletik eine Goldmedaille gewann. Vier Jahre später verließ sie den Spitzensport aufgrund einer Verletzung.

DIE JAPANISCHE VOLLEYBALLFABRIK
Das Volleyball-Finale der Frauen zwischen Japan und der Sowjetunion schauten 80 % der japanischen Bevölkerung im Fernsehen. Das war Rekord, dazu in einer Sportart, die erstmals olympisch war. Die japanische Auswahl gewann das Turnier. Nahe Osaka hatte der legendäre Trainer Hirofumi Daimatsu das Team aus Fabrikarbeiterinnen zusammengestellt und sie nachts trainiert.

GOLD OHNE TRAININGSHALLE
Mit Věra Čáslavská aus der Tschechoslowakei erstrahlte ein neuer Stern am Turnhimmel. Sie gewann im Einzelmehrkampf, Schwebebalken und Pferdsprung. Das Publikum war begeistert. Zwei Jahre später, nach dem Einmarsch der Sowjetarmee in Prag, verlor Věra ihre Trainingshalle. Sie musste sich im Wald auf umgefallenen Baumstämmen und mit Kartoffelsäcken auf die Wettkämpfe vorbereiten. So konnte sie 1968 in Mexico City vier weitere Goldmedaillen holen.

GOLDENE MEERJUNGFRAU

Bei drei Olympischen Spielen in Folge gewann die Australierin Dawn Fraser Gold über 100 m Freistil. Sie war die Erste, der das gelang. In Tokio widmete die Schwimmerin den Sieg ihrer Mutter, die wenige Monate zuvor bei einem Autounfall ums Leben gekommen war. Fraser hatte am Steuer gesessen.

KRASSER KRISS

Der ukrainische Degenfechter Hryhorij Kriss aus der sowjetischen Mannschaft war Linkshänder. Deswegen galt er als »unbequemer« Gegner. Er nutzte jede zulässige Chance, um zu punkten. Im spektakulären Finale gegen den Briten Henry Hoskins gewann Kriss. Der Kampf war hochdramatisch. Die Schiedsrichter registrierten vier Doppelschläge, bei denen sich die Konkurrenten zeitgleich gegenseitig trafen.

VON TANGANJIKA BIS ZUM MOUNT EVEREST

16 neue Länder nahmen zum ersten Mal an den Spielen teil, die meisten davon aus Afrika: Algerien, Kamerun, Senegal, Tschad, Elfenbeinküste, Republik Kongo (auch Kongo-Brazzaville genannt), Nordrhodesien (heute Sambia), Mali, Madagaskar, Niger, Libyen (das sich aber nach der Eröffnungsfeier wieder zurückzog) und Tanganjika (heute Tansania). Auch Malaysia, die Mongolei, Nepal und die Dominikanische Republik gaben ihr Debüt.

ZWEI PAAR SCHUHE

1964 wurde das US-Leichtathletikteam von Adidas mit Schuhen ausgestattet. Der Läufer William »Billy« Mills bat dort ebenfalls um ein Paar, bekam aber eine Absage. Es seien nur Schuhe für mögliche Sieger übrig. Daraufhin gab ihm Puma Schuhe. Als Adidas davon erfuhr, schenkte man Mills doch welche. Mit diesen ersten eigenen Laufschuhen holte Mills, ein Angehöriger der Oglala-Lakota-Sioux, der in Armut aufgewachsen war, Gold über 10.000 m. Er war der erste Nicht-Europäer und ist bis heute der einzige US-Amerikaner, der auf dieser Strecke siegte.

TURNTALENT

Der japanische Turner Yukio Endō holte am Barren, im Einzel- und im Mannschaftsmehrkampf Gold sowie im Bodenturnen Silber. Er war der Stolz des japanischen Sports. Alle Turner wurden zu Nationalhelden, doch Yukio Endō war der größte Star. In Mexico City 1968 holte er noch einmal Gold und Silber.

DUELL DER GIGANTEN

Jurij Wlassow und Leonid Schabotynskyj aus der sowjetischen Mannschaft waren die Stars im Gewichtheben und kämpften um den Titel. Wlassow stellte zwar im Finale zwei Weltrekorde auf, blieb aber ohne Gold. Dieses ging an Schabotynskyj, der somit den erbitterten Kampf der beiden Kraftprotze für sich entschied.

DER SCHNELLE SNELL

Der Neuseeländer Peter Snell war in seiner Heimat einer der erfolgreichsten Sportler des 20. Jahrhunderts. Auf den 800 m und 1.500 m ließ er seine Konkurrenten »in einer Staubwolke« hinter sich zurück. Zum ersten Mal seit 44 Jahren gewann ein Läufer beide Mittelstrecken.

IHM STEHT DAS WASSER BIS ZUM HALS

Der 18-jährige US-amerikanische Schwimmer Donald Schollander holte in Tokio 1964 viermal Gold. Damit war er der Athlet mit den meisten Medaillen. Nach Mexico City 1968 kündigte er an, in den nächsten zwei Jahren nicht mehr in eine Badewanne zu steigen – er hätte genug vom Wasser.

DAS WAR KNAPP!

Im Straßenrennen der Männer waren die Radrennfahrer schon mehr als 190 km gefahren, doch das Hauptfeld war immer noch zusammen, obwohl es einige Ausreißversuche gegeben hatte. Der Schlusssprint war spektakulär. Der italienische Mechaniker Mario Zanin gewann mit 0,02 Sekunden vor dem Dänen Kjell Rodian. Der iranische Fahrer Sayed Esmail Hosseini aber kam mit 0,2 Sekunden Rückstand hinter Zanin nur noch auf Platz 99. Es war eines der knappsten Rennen in der Geschichte des Radsports.

EINMAL, ZWEIMAL ...

Dreimal holte der ungarische Ringer Imre Polyák Silber bei den drei vorangegangenen Olympischen Spielen. Der 32-Jährige träumte aber von Gold. In Tokio gewann er endlich im Finalkampf im griechisch-römischen Stil gegen den Georgier Roman Rurua, der für die UdSSR antrat. Das Duell endete zwar unentschieden, doch Polyák hatte im Vorfeld die bessere Punktzahl erreicht.

BOB, DIE GEWEHRKUGEL

Das war der Spitzname des US-amerikanischen Favoriten auf der 100-m-Strecke, Robert »Bob« Lee Hayes. Weil er seine Schuhe unter dem Bett vergessen hatte, lief er in geliehenen. Trotzdem gewann er mit einer Zeit von 10,0 Sekunden. Seine Sprinterkarriere währte nur kurz. Er wechselte von der Leichtathletik zum American Football und spielte zehn Saisons bei den Dallas Cowboys sowie eine bei den San Francisco 49ers.

DIE »PRESS-BRÜDER«

In Rom 1960 hatte Tamara Press Gold im Kugelstoßen und Silber im Diskuswurf geholt. Vier Jahre später gelang ihr doppeltes Gold. Im Fünfkampf war ihre Schwester Iryna Press die erfolgreichste Teilnehmerin. Fachleute vermuteten, dass die beiden sowjetischen Sportlerinnen mit männlichen Hormonen gedopt worden waren. Medien weltweit nannten sie daher die »Press-Brüder«. Als ab 1966 Geschlechtsüberprüfungen vor der Zulassung zu Wettkämpfen verpflichtend wurden, traten die Schwestern nicht mehr an.

MEXICO CITY
MEXIKO, 1968

Bei diesen Spielen gerieten viele außer Atem, denn es waren die ersten Olympischen Spiele in einer solchen Höhe: Auf die fast 2.300 m über dem Meeresspiegel mussten sich alle besonders vorbereiten. Im Springen, Werfen und Sprinten hingegen atmeten die Athletinnen und Athleten auf. Die dünne Luft verhalf ihnen zu besseren Leistungen. In den Stadien von Mexico City wurden viele Rekorde gebrochen und aufgestellt. Bei diesen Spielen im Land der Azteken änderte sich so manche Trainingsphilosophie.

Erfolgreichstes Land:
USA – 107   45   28   34

Medaillensiegerin:
Věra Čáslavská, Tschechoslowakei, Geräteturnen   4   2

Anzahl Aktive / Länder:
5.516 / 112

Gesamt:
172 Medaillensätze in 18 Sportarten

FEUERFRAU
Im Vorfeld der Olympiaeröffnung protestierten in Mexico City Studierende gegen staatliche Unterdrückung und Korruption. Die Regierung fürchtete, dass die Jugend die Olympischen Spiele ruinieren könnte. Deshalb schlug sie zehn Tage vorher eine Demonstration mit 10.000 Menschen blutig nieder und das historische Ereignis konnte stattfinden. Erstmals entzündete eine Frau das olympische Feuer: die Leichtathletin Enriqueta Basilio.

UNTER ZEHN SEKUNDEN!
Dem US-Läufer Jim Hines gelang das, wovon mehrere Generationen von Sprinterinnen und Sprintern nur träumen konnten – die 100 m in unter zehn Sekunden zu laufen. 9,95 Sekunden lautete seine für die nächsten fast 15 Jahre unübertroffene Zeit. So lange hatte seit der Einführung der elektronischen Zeiterfassung noch nie jemand den 100-m-Rekord gehalten.

UNÜBERSEHBARER STILLER PROTEST
Als zur Siegerehrung der 200-m-Läufer die amerikanische Hymne erklang, reckten Tommie Smith und John Carlos, Gold- und Bronzegewinner, ihre Fäuste in schwarzen Handschuhen in die Luft. Ohne Schuhe und in schwarzen Strümpfen, den Kopf gesenkt, protestierten sie gegen Rassismus gegenüber der afroamerikanischen Bevölkerung in den USA. Unter dem Druck des IOC wurden beide aus der Mannschaft ausgeschlossen und das Komitee verbannte sie für immer von Olympischen Spielen.

DOPPELAGENT »PAWEL«
Jerzy Pawłowski war der Stolz der polnischen Nation. Als der Fechter in Mexico City Gold holte, unterbrach er die ungarische Vorherrschaft der Säbelkämpfer. 1975 wurde er wegen Spionage für die NATO zu 25 Jahren Haft verurteilt. Nach zehn Jahren im Gefängnis kam er durch einen Agentenaustausch frei. 1994 erschien sein Buch *Mein längstes Duell*, in dem er über sein Leben als Spion schrieb.

SPRUNG IN DIE ZUKUNFT
Der US-Amerikaner Dick Fosbury holte Gold im Hochsprung, indem er rücklings über die Latte sprang, also nicht mit den Füßen voran, wie bis dahin üblich. Diese revolutionäre Sprungtechnik wurde als »Fosbury Flop« bekannt und veränderte den Hochsprung von Grund auf: Von nun an sprangen alle so.

TROCKENEN FUSSES
Amos Biwott aus Kenia war der Einzige, der im 3.000-m-Hürdenlauf nicht im Wassergraben landete. Er sprang jedes Mal über das gesamte Hindernis hinweg. Gold holte er dank eines starken Endspurts, bei dem er seinen Landsmann Benjamin Kogo überholte. Nach seiner Sportkarriere arbeitete Biwott bei der kenianischen Gefängnisbehörde und später als Nachtwächter in einem Stadion.

GLAUBE AN SICH SELBST
Als die ungarische Sportlerin Anna Pfeffer in ihrem Kajak kenterte, eilte ihr sofort ein Rettungsboot zu Hilfe, doch die Chance auf eine Medaille über 500 m war vertan. Ihr Wille blieb aber ungebrochen. Anderthalb Stunden später startete sie im Zweier und erreichte eine Hundertstelsekunde vor dem sowjetischen Boot das Ziel: Silber!

BIER ALS »DOPING«
Bei diesen Spielen wurden erstmalig Dopingkontrollen durchgeführt. Der Schwede Hans-Gunnar Liljenwall hatte vor dem Schießen im Modernen Fünfkampf gegen die große Aufregung zwei Bier getrunken. Er musste die Mannschaftsbronzemedaille wieder abgeben. Liljenwall war der erste Athlet der Olympiageschichte, der für einen derartigen Verstoß bestraft wurde.

MOMENT FÜR DIE EWIGKEIT

Die 16-jährige US-Schwimmerin Debbie Meyer holte dreimal Gold über 200 m, 400 m und 800 m. Meyer war die erste Frau, die drei Medaillen über Einzelstrecken bei denselben Olympischen Spielen gewann. Weil sie an Asthma litt, beendete sie ihre Karriere mit 18.

BRÜDERLICH VEREINT …

Im Zeitfahren der Radfahrer holte die schwedische Familie Pettersson Silber. Ihr Team bestand aus den vier Brüdern Gösta, Erik, Tomas und Sture. Vier Jahre zuvor in Tokio hatten sie Bronze gewonnen, aber ohne Sture. Später änderten die Brüder ihren Nachnamen in Fåglum – zu Ehren ihres Heimatdorfs.

ALLES AUF EINEM RÜCKEN

Roland Matthes, Spitzname »Rolls Royce«, war ein Phänomen im Rückenschwimmen. Der Sportler aus Thüringen in der damaligen DDR gewann über 100 m und 200 m und verteidigte 1972 in München beide Titel. Das machte ihn zum erfolgreichsten Rückenschwimmer der Geschichte.

FOREMAN IN FORM

Als 19-Jähriger kam der Amateurboxer George Foreman aus den USA zu den Spielen und schlug im Finale den sowjetischen Konkurrenten. Als Star ging er nach Hause. Mit 48 Jahren wurde er der älteste Profiboxer und Champion der Olympiageschichte im Schwergewicht. Seine zwölf Kinder hatten allen Grund, stolz zu sein – insbesondere seine fünf Söhne, die alle George hießen.

AUF JEDES HUNDERTSTEL KOMMT ES AN

Die automatische Zeiterfassung wurde in Mexico City noch genauer und auf noch mehr Wettbewerbe in der Leichtathletik ausgeweitet, außerdem auf den Radsport, Kanu, Schwimmen und Reiten.

KENIAS STOLZ

Kipchoge Keino fuhr mit dem Bus zum Wettkampf und blieb im Stau stecken. Also rannte er zum Stadion, wo er das Finale über 1.500 m mit großem Vorsprung gewann. Über 5.000 m holte Keino in Mexico City Silber. Mit dem Kenianer begann der Aufstieg afrikanischer Sportler auf der Mittel- und Langstrecke. Dreißig Jahre später wurde Keino der erste Präsident des Nationalen Olympischen Komitees Kenias.

MIT DEM SOHN AN DIE SPITZE

Der Italiener Klaus Dibiasi gewann Gold im Turmspringen. Bei den nächsten beiden Olympischen Spielen verteidigte er seinen Titel und war damit der erste Turmspringer, der in einer Disziplin dreimal hintereinander gewann. Sein Vater, 1936 in Berlin selbst Zehnter im Turmspringen, trainierte Klaus und verhalf ihm zum Erfolg.

8,90 METER

Dieses historische Ergebnis im Weitsprung erreichte der US-Amerikaner Bob Beamon schon beim ersten Versuch. »Du hast diesen Wettbewerb zerstört«, kommentierte der Brite Lynn Davies, Olympiasieger von 1964. Als Beamon begriff, was geschehen war, fiel er auf die Knie und verbarg sein Gesicht in den Händen. Er hielt den Rekord 22 Jahre und 316 Tage.

LAUFEN WIE IM FLUG

Tartan machte den Unterschied in der Leichtathletik: Das neue synthetische Material aus Polyurethan ersetzte Asphalt und Gummi auf der Laufbahn. Die 18 neuen Leichtathletikweltrekorde wurden mit diesem neuen Belag in Verbindung gebracht.

MÜDE VOM ERFOLG

Rekord im Turnen der Männer: Der Japaner Katō Sawao holte bei Olympischen Spielen insgesamt acht Goldmedaillen, nur eine weniger als die Ukrainerin Laryssa Latynina. Die ersten drei gewann er in Mexico City. Dies war der Beginn von Katōs Starkarriere. Er gehörte zur goldenen Generation japanischer Turner, die ihre Nation an die Weltspitze führten.

DER ERSTE SCHUSS

Beim Schießen waren zum ersten Mal Frauen zugelassen. Sie traten gemeinsam mit den Männern an. Eulalia Rolińska aus Polen und Gladys de Seminario aus Peru gaben ihr Debüt. Im Kleinkaliber lagen sie im vorderen Mittelfeld von fast neunzig Teilnehmenden. Die Mexikanerin Nuria Ortiz erreichte Platz 13. Erst seit 1996 treten Frauen und Männer in allen Schießwettbewerben getrennt an.

ERST MAL TANZEN

Kurz vor dem Start über 100 m filmte ein Journalist die US-Sprinterin Wyomia Tyus im Aufwärmbereich beim Tanzen. Nach ihrem Sieg erklärte sie, das habe sie gemacht, um sich zu lockern. Wyomia war die Erste sowohl bei den Frauen als auch bei den Männern, die den 100-m-Lauf zum zweiten Mal in Folge gewann.

MÜNCHEN
BUNDESREPUBLIK DEUTSCHLAND, 1972

Fast dreißig Jahre nach Ende des Zweiten Weltkriegs bekam Deutschland Gelegenheit, anderen Nationen gegenüber Friedfertigkeit und Respekt zu zeigen. Die Olympischen Spiele kehrten nach Deutschland zurück, genauer gesagt nach Westdeutschland. Diese Spiele gingen für immer in die Geschichte ein, da sie wegen eines Terroranschlags für 34 Stunden unterbrochen werden mussten. Trotz dieser Tragödie setzte man die Wettbewerbe fort. Der IOC-Präsident Avery Brundage sagte damals den berühmten Satz: »The games must go on!«

Erfolgreichstes Land:
UdSSR – 99   50   27   22

Medaillensieger:
Mark Spitz, USA, Schwimmen   7

Anzahl Aktive / Länder:
7.134 / 121

Gesamt:
195 Medaillensätze in 21 Sportarten

BLUTVERGIESSEN
Acht palästinensische Terroristen der Gruppe »Schwarzer September« drangen in das olympische Dorf ein. Zwei israelische Mannschaftsmitglieder wurden getötet, neun als Geiseln genommen und per Helikopter zum Flughafen gebracht. Bei einem Befreiungsversuch starben alle Geiseln, fünf Terroristen und ein Polizist.

AGENT 002
Tim McKee aus den USA und Gunnar Larsson aus Schweden waren im 400-m-Lagenschwimmen gleichauf. Als die Kampfrichter die Tausendstelsekunden maßen, lag Tim mit 0,002 zurück und bekam Silber. Danach wurden die Regeln geändert: Bei Gleichstand bis auf die Hundertstelsekunde bekommen beide eine Medaille. Tim holte noch einmal Silber in München sowie in Montreal 1976. Seine Silbergeschichte erzählte er bestimmt noch oft am Strand von Miami, wo er später als Rettungsschwimmer arbeitete.

... VERSPRECHE ICH, EHRLICH ZU SEIN
Das erste Mal in der Geschichte der Olympischen Spiele legten auch die Kampfrichterinnen und Kampfrichter einen olympischen Eid ab. Stellvertretend für sie verlas der westdeutsche Dressurreiter Heinz Pollay, zweifacher Olympiasieger 1936 in Berlin, den Text.

JUNG UND KRÄFTIG
Zusammen waren sie 30 Jahre alt, einzeln 15, zusammen holten sie acht Medaillen im Schwimmen bei denselben Olympischen Spielen: die US-Amerikanerin Melissa Belote dreimal Gold, die Australierin Shane Gould dreimal Gold, einmal Silber und einmal Bronze in den Einzeldisziplinen. Zwei Jahre später lebte Gould auf einer Farm und wurde in den 90er Jahren Landesmeisterin im Pflügen mit Pferden.

KORBUT FLIP
Die belarussische Kunstturnerin Olga Korbut, auch »Spatz von Grodno« genannt, gewann in München für die sowjetische Mannschaft dreimal Gold. Sie traf den US-Präsidenten Nixon und wanderte nach der Reaktorkatastrophe von Tschernobyl in die USA aus. Als Einzige weltweit vollführte sie auf dem Stufenbarren einen Rückwärtssalto, den »Korbut Flip«, der seither wegen seiner Gefährlichkeit verboten ist. Korbut verkaufte einige ihrer Medaillen wegen finanzieller Schwierigkeiten.

GLÜCKSRAD
Der 21-jährige Schweißer Knut Knudsen aus Norwegen lieh sich für das Radrennen ein Rad bei seinem dänischen Kollegen. Er hatte nicht genug Ersatzmaterial dabei. Das Rennen über 4.000 m Einerverfolgung gewann er locker. Später wurde Knut Weltmeister und Profisportler und gewann sechs Etappen des berühmten Giro d'Italia.

ENDE FÜR DEN LAUFENDEN KEILER
Fünf Jahre vor den Spielen verweigerte die Sowjetunion dem ukrainischen Schützen Jakiw Schelesnjak wegen seiner jüdischen Abstammung die Teilnahme an der Weltmeisterschaft in Italien. Er verabschiedete sich vom großen Sport. Als seine Lieblingsdisziplin »Laufender Keiler« unter dem neuen Namen »Laufende Scheibe« ins Olympiaprogramm aufgenommen wurde, kehrte er jedoch zurück. Schelesnjak traf den Sperrholzkeiler am zielsichersten und holte Gold.

STIEHL FRANK SHORTER NICHT DIE SHOW!
Stolz lief der US-Amerikaner Frank Shorter ins Stadion seiner Geburtsstadt ein. Beim Marathon führte er, doch den Applaus heimste ein Sportler ein, der seltsamerweise vor ihm da war. Es war der Schüler Norbert Südhaus, der sich kurz vor dem eigentlichen Sieger in Sportkleidung in das Rennen schummelte und das Publikum so an der Nase herumführte.

BÄRTIGER GOLDSUCHER
Der 22-jährige Kalifornier Mark Spitz glitt ohne Schwimmbrille durchs Wasser, dafür mit Schnauzbart. Innerhalb von acht Tagen holte er sieben Goldmedaillen und sieben Weltrekorde. Der Schwimmer scherzte, er schwimme nur dank des Bartes so gut, weil der Schnauzer verhindere, dass ihm Wasser in den Mund lief.

GOODBYE, AMERICA!
Seit 1896 hatten im Stabhochsprung bei Olympischen Spielen immer US-Amerikaner gewonnen. Doch eine der längsten Siegesserien der Leichtathletik fand nun ihr Ende. Wolfgang Nordwig aus Sachsen (ehemalige DDR) erreichte den Olympiarekord mit 5,50 m.

OLDFIELD HAT DEN DREH RAUS
Der US-Amerikaner Brian Oldfield wurde nur Sechster, etablierte aber eine neue Kugelstoßtechnik, bei der die Kugel im Flug angedreht wurde. Die fortschrittliche Methode hieß »Oldfield Spin«.

GLÜCKLICHE ÜBERFLIEGER
1968 in Mexico City hatten die Ruderer aus Neuseeland im Vierer mit Steuermann Gold geholt. Um nach München zu fahren, fehlte ihnen das Geld. Also veranstalteten sie Schaurennen mit Tombola, verkauften Bücher und Fanartikel und verdienten sich so ihre Olympiatickets. Im Münchner Finale im Achter siegten sie sicher und ließen die Favoriten aus den USA ohne Gold zurück.

NOWA-KACHOWKA-EXPRESS
Der Ukrainer Walerij Borsow siegte beim 200-m-Lauf ebenso sicher wie beim 100-m-Lauf. Als erster Nicht-Nordamerikaner gewann er beide Sprints. Später soll er gescherzt haben, dass er es als Einziger geschafft hätte, Amerika einzuholen.

MIT PFEIL UND BOGEN WIEDER NACH OBEN
Nach 52-jähriger Pause wurde Bogenschießen wieder olympische Disziplin. Die Einzelwettbewerbe der Männer und Frauen gewannen zwei Teilnehmende aus den USA. 1988 wurden Mannschaftswettbewerbe eingeführt. Stand 2023 ist Südkorea die erfolgreichste Nation im Bogenschießen.

ERPICHT AUF MILCH UND GOLD
Der Finne Lasse Virén gewann die Langstreckenläufe über 5.000 m und 10.000 m in München und Montreal. Seine Erfolge schürten Gerüchte über verbotenes Blutdoping, worauf Virén antwortete: »Mein einziges Doping besteht in einem Glas Rentiermilch jeden Morgen.« Ein ähnlicher Doppelsieg gelang erst wieder dem Briten Mo Farah 2012 und 2016.

SCHULDLOS SCHULDIG
Der äthiopische Langstreckenläufer Miruts Yifter gewann in München über 10.000 m Bronze. Zum Finale über 5.000 m brachten ihn seine Trainer zu spät, sodass die anderen Athleten schon die zweite Runde liefen. Unter Tränen verließ er das Stadion. In seiner Heimat verzieh man dem Soldaten nicht, dass er kein Gold geholt hatte: Er musste für drei Monate ins Gefängnis.

LUFTIGE HÖHEN
Die erst 16-jährige Kölnerin Ulrike Meyfarth war 1972 die jüngste Hochspringerin, die eine Goldmedaille bei Olympischen Spielen gewann. Zwölf Jahre später wiederholte sie ihren Erfolg in Los Angeles.

AUSDAUERNDER VIERBEINER
Der Dackel Waldi war das erste offizielle Olympiamaskottchen. Er stand für Beweglichkeit und Ausdauer. In Bayern war diese Hunderasse sehr beliebt. Außerdem hatte Willi Daume, Präsident des Nationalen Organisationskomitees der Spiele, selbst einen Dackel als Haustier.

ES LEBE DIE REVOLUTION
»Was ist eine Million Dollar gegen acht Millionen Menschen in Kuba, die mich lieben?« Der kubanische Boxer Teófilo Stevenson lehnte Angebote, Profiboxer zu werden, ab. Unter den Amateuren reichte praktisch niemand an ihn heran. In München gewann er Gold im Schwergewicht, genau wie 1976 in Montreal und 1980 in Moskau.

ZEIT, DIE KEINE WUNDEN HEILT
Bis heute liegen die Silbermedaillen der US-Basketballer im IOC-Hauptquartier im schweizerischen Lausanne. Aus Protest hatte die Mannschaft sie nicht entgegengenommen. Im erbitterten Finale feierten die US-Amerikaner schon ihren Sieg mit einem Punkt Vorsprung, doch die letzten drei Sekunden wurden dreimal gespielt. Beim dritten Versuch riss die sowjetische Mannschaft den Sieg an sich.

MONTREAL
KANADA, 1976

Die Olympischen Spiele lösten zum ersten, aber nicht zum letzten Mal einen massenhaften Boykott aus politischen Gründen aus. Einige afrikanische Länder boykottierten die Spiele, weil Neuseeland zuvor an einem Rugby-Turnier im Apartheidstaat Südafrika teilgenommen hatte. Ein weiterer Konflikt bestand darin, dass das kanadische Organisationskomitee Taiwan nicht zu den Spielen zulassen wollte. Es stand unter Druck, weil China Kanadas wichtigster Handelspartner war. Insgesamt boykottierten 34 Länder die Teilnahme an den Olympischen Spielen 1976.

Erfolgreichstes Land:
UdSSR – 125   49   41   35

Medaillensieger:
Nikolaj Andrianow, UdSSR (Russland, Geräteturnen)   4   2  1

Anzahl Aktive / Länder:
6.084 / 92

Gesamt:
198 Medaillensätze in 21 Sportarten

VIRTUELL, ORIGINELL UND GANZ SCHNELL

Erstmals wurde das olympische Feuer über einen Satelliten im Weltall vom einen auf den anderen Kontinent geschickt. Der Satellit sendete Impulse von Athen nach Ottawa, wo ein Laserstrahl eine Fackel entzündete, die mit Olivenöl brannte. Ein Mädchen und ein Junge entzündeten damit das olympische Feuer. Die beiden symbolisierten die Hoffnung des Landes auf die Zukunft.

OHNE WASSER GEHT NICHTS

Der mexikanische Geher Daniel Bautista war nach dem 20-km-Lauf so dehydriert, dass er zehn Becher Flüssigkeit austrank, bevor er für die Dopingprobe Urin abgeben konnte. Aus seinem Land war er der Erste, der eine Leichtathletikgoldmedaille gewann. Bei den nächsten Spielen wurde er 2 km vor dem Ziel disqualifiziert.

KARIBISCHER LÄUFER

Unter den Preisträgern beim 100-m-Lauf der Männer war zum ersten Mal seit 1928 kein Sportler aus den USA. Ganz oben stand Hasely Crawford aus Trinidad und Tobago. Er schaffte die Strecke in 10,06 Sekunden und war der erste Athlet aus der Karibik, der Gold holte. Ihm zu Ehren wurde in Port of Spain, der Hauptstadt seines Landes, ein Stadion benannt.

ÁNGEL HERRERAS ÄRA

Auf dem Weg von der Schule nach Hause war Herrera aus Guantánamo mit einem Freund zum Boxtraining gegangen, weil er die Mädchen beeindrucken wollte. Mit nur 18 Jahren besiegte er alle Gegner im Federgewicht und schlug seinen Konkurrenten Richard Nowakowski aus der damaligen DDR im Finale k.o. So brachte er dem kubanischen Sport Ruhm ein und verteidigte bei den nächsten Spielen in Moskau den Titel.

DREIMAL GOLD FÜR WIKTOR

Der georgische Sportler Wiktor Sanejew hatte in der sowjetischen Mannschaft als Hochspringer seine Karriere begonnen. Nach einer Knieverletzung ging er aber zum Dreisprung über. Er führte lange in dieser Disziplin. Mit seinem Gold aus Mexico City 1968, der Titelverteidigung in München 1972 und in Montreal 1976 vollendete er seinen Dreifachsieg.

STOLZE INSEL

Mit nur 53.500 Einwohnerinnen und Einwohnern waren die Bermudas das bevölkerungsärmste Land, das bei Olympischen Spielen eine Medaille gewann. Der Schwergewichtsboxer Clarence Hill erlangte Bronze. Bei den Spielen 2020 in Tokio wurde der Rekord gebrochen: Als kleinstes Land gewann San Marino gleich drei Medaillen.

MIT GEDULD ZUM ERFOLG

Shun Fujimoto kämpfte mit den japanischen Turnern um Gold. Im Mannschaftsmehrkampf zog er sich eine schwere Verletzung zu, setzte aber den Wettbewerb fort, um sein Team nicht hängen zu lassen. Fujimoto brachte es fertig, die Übungen auf dem Pferd sowie einen dreifachen Salto an den Ringen vorzuführen. Erst nach dem Sieg brach er zusammen. Der Nachfahre der Samurai hatte sich das Knie gebrochen.

EIN SPEER LIEGT IN DER LUFT

Miklós Németh aus Ungarn warf den Speer am weitesten und gewann den Wettbewerb. Er war der Sohn des legendären Hammerwerfers Imre Németh, der bei den Olympischen Spielen 1948 in London Gold und 1952 in Helsinki Bronze geholt hatte. Der junge Németh erfand danach neue Speermodelle, mit denen weitere Weltrekorde aufgestellt wurden. Die Speere wurden später nicht mehr zugelassen, weil sie den Werfenden zu viele Vorteile verschafften.

DIE VIER MUSKETIERE

Die westdeutsche Florettmannschaft hatte keine Stars im Team (Matthias Behr wurde erst später einer). Sie alle verließen das Turnier in den Einzelkämpfen schon früh. Doch als Mannschaft gelang den Deutschen ein Wunder und sie gewannen Gold. Unter den vier Musketieren war auch Thomas Bach, seit 2013 Präsident des IOC.

MUSTERSCHÜLERIN

Beim Mannschaftsmehrkampf der Frauen am Stufenbarren zeigte die Anzeigetafel merkwürdigerweise 1,00. Das Publikum war verwirrt und brach im nächsten Moment in Jubel aus: Die 14-jährige Nadia Comăneci aus Rumänien hatte zum ersten Mal in der Olympiageschichte 10 von 10 möglichen Punkten erzielt. Darauf war nicht einmal die Anzeige eingestellt. Comăneci holte bei diesen Spielen dreimal Gold.

ZÄHNE, SCHWANZ UND TATENDRANG

Der Biber Amik war das Maskottchen dieser Olympischen Spiele, er stand für Beharrlichkeit und Fleiß. Genau wie das Ahornblatt symbolisierte der Biber Kanada. Er war auf der ersten kanadischen Briefmarke abgebildet sowie auf der 5-Cent-Münze. Für Amiks Namensfindung hatte das Land einen nationalen Wettbewerb ausgeschrieben.

BETRÜGERISCHER ZAUBERKNOPF

Der Moderne Fünfkämpfer Borys Onyschtschenko, olympischer Champion in München, hatte beim Degenfechten manipuliert: Über einen Knopf an der Waffe konnte er den Stromkreis eigenmächtig schließen und einen vermeintlichen Treffer landen. Der Brite Jim Fox deckte den Betrug auf und der sowjetische Athlet wurde lebenslang disqualifiziert.

WIE EIN FISCH IM WASSER

John Naber aus den USA arbeitete später bei zehn Olympischen Spielen als Kommentator, doch seine beste Leistung erbrachte er als Schwimmer in Montreal. Mit zweimal Gold und Silber in Einzeldisziplinen und zwei weiteren Goldmedaillen in der Staffel leistete er einen großen Beitrag für das amerikanische Team.

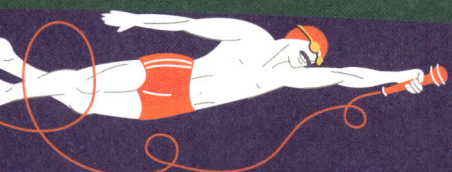

EINZELKÄMPFER IM BECKEN

David Wilkie aus Großbritannien war im Schwimmen der Männer der einzige Olympiasieger, der nicht aus den USA kam. Im 200-m-Brustschwimmen reichte keiner an ihn heran, alle übrigen zwölf Medaillen gingen an die USA. Über die 100 m ergänzte Wilkie seine Medaillensammlung um Silber. Der Schwimmer reagierte allergisch auf Chlor und verlor deswegen mit der Zeit einen Großteil seiner Haare.

DAS KUBANISCHE PFERD

Alberto Juantorena trug wegen seines Körperbaus und seiner Schnelligkeit den Spitznamen »Pferd«. Mit seiner Größe und Ausdauer und seinen langen Beinen gewann der Kubaner den Lauf über 400 m und 800 m. Juantorena ist damit der Erste und bislang Einzige, der bei denselben Spielen auf diesen beiden Strecken gewonnen.

GELB UND BLAU – DIE UKRAINISCHEN FARBEN

Im Fußballhalbfinale zwischen der DDR und der UdSSR (2 : 1) lief Danylo Myhal mit einer ukrainischen Flagge über das Spielfeld im Olympiastadion von Montreal. Damit demonstrierte er der Welt, dass die Ukraine unabhängig werden wollte. 2022, nach Russlands Angriff auf die Ukraine, wurde Myhals Flagge im Kiewer Olympiastadion beim Eröffnungsspiel der ukrainischen Fußball-Premjer-Liha gehisst.

VEREINT IN FREUD UND LEID

»Ich kann dir keine Goldmedaille geben, aber unsere Nationalhymne«, sagte der US-Schütze Lanny Bassham zu seiner Landsfrau Margaret Murdock. Beide waren punktgleich, doch Bassham hatte in der letzten Runde die besseren Ergebnisse erzielt und so bekam Murdock Silber in einem Wettbewerb, in dem noch immer Frauen und Männer zusammen antraten. Während der Siegerehrung standen beide gemeinsam auf dem obersten Treppchen.

DAS GEHEIMNIS DER GOLDFISCHE

Das Frauen-Schwimmteam der ehemaligen DDR erzielte in 13 Disziplinen elf Goldmedaillen. Bei den Spielen in Moskau 1980 waren ihre Ergebnisse ebenso verblüffend. Im Laufe der Jahre und nach Skandalen in der Presse gaben die ostdeutschen Verantwortlichen aber zu, dass ihre Schützlinge massenhaft gedopt worden waren. Auf diese Weise hatte der Sport dort solche Höhen erreicht.

K.O. EINES UKRAINISCHEN RIESEN

Oleksandr Koltschynskyj wog bei seiner Geburt stolze 5 kg und wuchs sehr schnell. Seine Eltern kamen kaum mit passender Kleidung hinterher. Der Riese gewann als Superschwergewicht Gold beim Ringen im griechisch-römischen Stil. 1980 in Moskau verteidigte er den Titel. Koltschynskyj kam in den 90er Jahren wegen Erpressung ins Gefängnis, wurde aber am Eröffnungstag der Olympischen Spiele von Atlanta 1996 begnadigt.

ALLROUNDTALENT AUS POLEN

Irena Szewińska erinnerte sich: »Mein Herz hat immer dem Sprint gehört, und ich habe die 400 m immer als Langsprint gesehen.« Zwei Jahre vor den Spielen schaffte sie als erste Frau die 400 m in unter 50 Sekunden. In Montreal gewann sie souverän Gold auf dieser Strecke. Insgesamt holte sie bei fünf Olympischen Spielen dreimal Gold, zweimal Silber und zweimal Bronze über unterschiedliche Distanzen und im Weitsprung.

MOSKAU
UDSSR, 1980

Die ersten Olympischen Spiele in Osteuropa fanden während des Höhepunkts des Kalten Kriegs in Moskau statt. Ende 1979, sieben Monate vor Beginn der Spiele, marschierten sowjetische Truppen in Afghanistan ein, um den zu eigenständigen Präsidenten Amin zu stürzen. So begann der Afghanistankrieg, der bis 1989 andauern sollte. Aus Protest gegen die Invasion boykottierten mehr als sechzig Länder die Spiele im »Reich des Bösen«. Darunter waren die USA, Kanada, die Bundesrepublik Deutschland, die Türkei, Japan, China und die meisten islamischen Länder. Die Länder des kommunistischen Blocks hingegen nahmen an den Wettbewerben teil sowie hauptsächlich nicht islamische Länder Asiens und Lateinamerikas. Insgesamt nahmen nur achtzig Länder teil, und damit die wenigsten seit 1956.

Erfolgreichstes Land:
UdSSR – 195 80 69 46

Medaillensieger:
Alexander Ditjatin, UdSSR (Russland), Geräteturnen 3 4 1

Anzahl Aktive / Länder:
5.179 / 80

Gesamt:
203 Medaillensätze in 21 Sportarten

EIN FREUND IN DER NOT
Wegen des Boykotts musste die Österreicherin Elisabeth Max-Theurer ohne Unterstützung des Pferdesportverbands zu den Spielen gelangen. Ihr Freund, der Formel-1-Champion Niki Lauda, half der Reiterin. Er transportierte ihre Stute Mon Cherie mit einem seiner Flugzeuge in einem eigens angefertigten Container nach Moskau. Der Aufwand zahlte sich aus: Elisabeth und Mon Cherie holten im Dressurreiten Gold.

SCHWARZ AUF ROT
Die Spiele in Moskau waren für die »Sowjets« ein mächtiges kommunistisches Propagandainstrument. Der massenhafte Boykott von mehr als sechzig Ländern war für den Kreml ein heftiger Schlag, weil er für die »perfekten« Olympischen Spiele fast 1,3 Milliarden Dollar ausgegeben hatte und nun mit finanziellen Schwierigkeiten zu kämpfen hatte. Um den großen Verlust auszugleichen, wurden Olympialotterien wie »Sportlotto« und »Sprint« organisiert.

SPIELE DER CHEMIKER
Bei den »perfekten« Olympischen Spielen in Moskau wurde nichts dem Zufall überlassen. Der Leichtathlet und Silbermedaillengewinner von 1980, Konstantin Wolkow, berichtete später, im Antidopinglabor habe ihm jemand erzählt, dass die Urinproben aller Teilnehmenden ausnahmslos ausgetauscht wurden, sowjetische wie ausländische. Die Olympischen Winterspiele von 2014 in Sotschi bestätigten, dass Russland das sowjetische Dopingsystem übernommen hatte.

IN MOSKAU GIBT ES ALLES ... VORÜBERGEHEND
Für die Zeit der Olympischen Spiele gab es in der sowjetischen Hauptstadt plötzlich keine Knappheit mehr. Läden boten Salami und andere Wurst, Joghurt und Käse, Bier in Flaschen und Saft in Tetrapaks, Likör und anderen Alkohol an. Die Menschen konnten importierte Zigaretten kaufen, Adidas-Turnschuhe und Kaugummi.

DIE KOZAKIEWICZ-GESTE
Beim Wettkampf im Stabhochsprung pfiff und buhte das Moskauer Publikum ausländische Athleten aus. Dennoch holte der polnische Springer Władysław Kozakiewicz Gold. Nach seinen Sprüngen zeigte er dem unzufriedenen Publikum seine weltberühmte Kozakiewicz-Geste. Den Wettbewerb beendete er mit dem Weltrekord.

DIE NASE TRÜGT NICHT
Der sowjetische Sportschütze Alexander Melentjew holte 581 Punkte von 600 möglichen im Schießen mit der Freien Pistole über 50 m. Der Rekord hielt 34 Jahre lang. Bei der Weltmeisterschaft 2014 erreichte Jin Jong-oh aus Südkorea zwei Punkte mehr. Melentjew erkannte die Patronen seines Lieblingsherstellers zweifelsfrei am Geruch. Das Schießpulver roch deutlich nach Knoblauch.

PERFEKTE BUGWELLE
Bei diesen Olympischen Spielen begann die Kanutin Birgit Fischer aus Brandenburg (ehemalige DDR) ihren 24-jährigen Medaillenmarathon. Im Kajak-Einer über 500 m holte sie Gold. Mit sechs Jahren hatte Fischer zum ersten Mal in einem Kajak gesessen und mit 18 wurde die Kanutin in ihrer Disziplin die jüngste Olympiasiegerin.

LAST-MINUTE-GOLD
Die Hockeymannschaft der Damen aus Simbabwe besiegte auf ihrem Weg zum ersten Olympiagold Österreich, Indien, Polen, die Tschechoslowakei und die UdSSR. Das Team war spät zu den Spielen eingeladen und erst eine Woche vor der Eröffnungsfeier zusammengestellt worden. Keine der Spielerinnen hatte Erfahrung mit Kunstrasen.

»DIE JUNGS AUS RIO«
Im Segelsport waren die Brasilianer mit zwei Goldmedaillen am erfolgreichsten. Seit 1956 waren das die ersten goldenen Auszeichnungen für das Land in allen Disziplinen. In der 470er Jolle gewannen der 20-jährige Eduardo Penido und der 19-jährige Marcos Soares. Penido wurde später Vorsitzender des Segelsportverbands von Rio de Janeiro und Soares leitete ein Segelsportunternehmen.

MISCHKA WILL NICHT IN DEN HIMMEL

Der rührendste Moment der Abschlussfeier war in Gefahr. Das Maskottchen der Spiele, der mit Helium gefüllte Bär Mischka, wollte einfach nicht aufrecht in den Himmel steigen, sondern fiel andauernd um. Man musste ihm Heliumballons an die Vorderpfoten und Gewichte an die Hinterbeine binden.

ÜBERWACHUNG AUF SCHRITT UND TRITT

Bei den Spielen 1980 war das olympische Dorf ungewöhnlich stark abgeriegelt. Ausländische Athletinnen und Athleten wurden ständig überwacht, damit sie nichts gegen die Propaganda sagten. Zugleich führte der sowjetische Geheimdienst KGB vor den Wettkämpfen Befragungen von sowjetischen Sportlerinnen und Sportlern durch. Die Medien warnten die Bevölkerung unermüdlich vor »Krankheiten und Provokationen des Westens«.

ACHT VON ACHT

Alexander Ditjatin aus der UdSSR war der erste Turner, der in allen acht Turndisziplinen bei Olympischen Spielen Medaillen gewann. Davon sechs an einem Tag. Insgesamt holte er dreimal Gold. Ditjatin bekam mehrmals 10,0 Punkte, zum ersten Mal seit 1924 im Turnen der Herren.

JEDER KÄMPFT SEINEN EIGENEN KAMPF

Auf der Mittelstrecke gab es einen erbitterten britischen »Zweikampf«. Im »schlimmsten Rennen seines Lebens« verlor der Favorit Sebastian Coe im 800-m-Lauf Gold an seinen Landsmann Steve Ovett. Sechs Tage später wollte Coe eine Revanche im 1.500-m-Rennen. Er wurde Erster und Ovett mit fast derselben Zeit nur Dritter. 1984 in Los Angeles konnte Coe seinen Titel verteidigen.

NICHT NUR MOSKAU

Ein Teil der olympischen Wettkämpfe fand in anderen Städten der UdSSR statt. In Kiew, Minsk und Leningrad gab es Fußballvorrundenspiele und -viertelfinale. Die Segelwettbewerbe trug Tallinn aus. Dort gab es sogar ein eigenes Maskottchen: den Seehund Vigri.

EIN STRAHLENDES FOTO FÜRS LEBEN

Im 100-m-Lauf gewann der Brite Allan Wells Gold und nach Auswertung des Fotofinishs über 200 m Silber. Man munkelte, dies sei nur möglich gewesen, weil die USA die Spiele boykottierten und ihre Läufer nicht antraten. Doch zwei Wochen nach den Spielen besiegte der 28-Jährige in einem extra organisierten Lauf auch die besten US-amerikanischen Sprinter.

14:58.27

Der sowjetische Schwimmer Wladimir Salnikow gewann dreimal Gold und erreichte einen unglaublichen Rekord: Als Erster schwamm er die 1.500 m Freistil in weniger als 15 Minuten. 1988 in Seoul war er mit 28 Jahren für einen Schwimmer schon »betagt« und durfte nur auf Drängen der sowjetischen Regierung mit. Doch er holte unerwartet wieder Gold auf derselben Strecke.

JEDER MENSCH BRAUCHT EIN GEHEIMNIS

Der Läufer Miruts Yifter hatte die Spiele 1976 ausgelassen, da Äthiopien die Wettbewerbe boykottierte. Dafür gewann er in Moskau über 5.000 m und 10.000 m. Der Presse gegenüber verriet der zweifache Olympiasieger nichts über sein Alter: »Man kann mir meine Hühner stehlen oder meine Schafe, aber mein Alter nimmt mir keiner.«

HINFALLEN, AUFSTEHEN, WEITERMACHEN

Duncan Goodhew war mit zehn von einem Baum gefallen. Durch den Sturz wurde ein Nerv beschädigt, wodurch Goodhew an Alopecia erkrankte (eine Krankheit, bei der alle Haare ausfallen). Mit 13 wurde bei ihm eine Leseschwäche festgestellt. Am selben Tag sollte er mit seinem Team an einem Schwimmwettbewerb teilnehmen. Mit der Unterstützung seines Trainers bekam Duncan das Selbstvertrauen und die Entschlossenheit, um im Sport erfolgreich zu sein. 1980 holte er über 100 m Brust Gold für Großbritannien.

DER ERSTE GANG WIRD HEISS SERVIERT

Der 21-jährige Koch Gerd Wessig trat mit seiner Körpergröße von 2,01 m nur zwei Wochen vor Beginn der Spiele der DDR-Olympiamannschaft bei. Im Hochsprung besiegte er bei seinen ersten und letzten Olympischen Spielen den polnischen Favoriten Jacek Wszoła und stellte mit fantastischen 2,36 m einen neuen Weltrekord auf.

UNZERTRENNLICHE RUDERER

Zwischen 1974 und 1978 gewannen die Zwillinge Bernd und Jörg Landvoigt aus Brandenburg (ehemalige DDR) 180 Regatten, bis auf eine, die verloren sie gegen das Zwillingspaar Jurij und Nikolaj Pimenow aus der UdSSR. Doch 1980 bei den Olympischen Spielen wurden die Landvoigts im Ruderzweier ohne Steuermann Erste und die Pimenows mit Abstand von zwei Sekunden Zweite.

101 KILOMETER AUSSERHALB

Im Vorfeld der Spiele verwandelte sich Moskau in eine vorbildlich saubere Stadt. Die Straßen waren leer, die meisten Bürgerinnen und Bürger zu Bautrupps geschickt, Kinder in Pionierlager. In die Hauptstadt kam man nur mit spezieller Zugangsberechtigung. Aus allen Städten, die Wettbewerbe austrugen, wurden Menschen mit sichtbarer Behinderung ebenso wie wohnungslose, bettelnde, drogensüchtige und alkoholkranke Personen vorübergehend ausgesiedelt.

LOS ANGELES
USA, 1984

Im Kalten Krieg fror die globale olympische Bewegung teilweise ein. Die Sowjetunion und 14 Länder aus dem sozialistischen Lager boykottierten die Spiele, die bereits zum zweiten Mal in der Stadt in Kalifornien ausgetragen wurden. Trotz der politischen Querelen verliefen die sportlichen Wettbewerbe in der Hauptstadt der Filmindustrie so erfolgreich, dass sie zukünftigen Turnieren als Marketingvorbild galten.

Erfolgreichstes Land:
USA – 174   83   61   30

Medaillensiegerin:
Katalin Szabó, Rumänien, Turnen   4   1

Anzahl Aktive / Länder:
6.829 / 140

Gesamt:
221 Medaillensätze in 21 Sportarten

WAS HAT FLÜGEL, IST ABER KEIN VOGEL?
Im Stadion und vor den Bildschirmen verfolgten über zwei Milliarden Menschen gebannt den Flug eines Mannes, der zur Eröffnungsfeier von einer Plattform auf der Tribüne losflog und auf der Laufbahn landete. Mit einem Raketenrucksack gelang Bill Suitor dieses Kunststück. Als Honorar bekam der »olympische Batman« 1.000 Dollar und Weltruhm.

MIT LETZTER KRAFT
Die Schweizerin Gabriela Andersen-Schiess erreichte heldenhaft und halb bewusstlos, entkräftet und torkelnd das Ziel im ersten Marathon der Frauen bei Olympischen Spielen. Um nicht wegen fremder Hilfe disqualifiziert zu werden, verscheuchte sie die Ärzte, doch kaum war sie hinter der Ziellinie, mussten diese die Athletin aus dem Stadion tragen.

SCHNABEL GEGEN MEISTER PETZ
Der Weißkopfseeadler aus dem Wappen der USA ist ein Respekt einflößender Vogel, doch Weißkopfseeadler Sam, das Maskottchen dieser Spiele, war gutmütig, lustig, freundlich und verspielt. Das Geschöpf des Designers Robert Moore aus den Walt Disney Studios gewann gegen das Maskottchen der vorherigen Spiele, einen Bären, der auch die kalifornische Flagge ziert.

»WO BLEIBEN DIE STARKEN?«
Das Gewichtheben musste einen schweren Schlag hinnehmen, weil mehr als die Hälfte der Sieger der vorangegangenen Weltmeisterschaft nicht zu den Spielen in die USA kamen. Wegen des Boykotts fehlten die Gewichtheber aus Bulgarien, der Ukraine und Armenien (in der sowjetischen Mannschaft) sowie Polen, Ungarn, der Tschechoslowakei und der DDR. Die chinesische Mannschaft gewann vier Goldmedaillen.

AUSSER KONKURRENZ
Das IOC wählte aus nur zwei Städten Los Angeles als Gastgeberin aus, Teheran hatte seine Bewerbung wegen politischen Unruhen zurückgezogen. So »gewann« die »Stadt der Engel« das Austragungsrecht für die Spiele eindeutig. Los Angeles hatte sich seit 1948 bereits sechsmal beworben.

KARRIERE MIT HÜRDEN
Nawal El Moutawakel aus Marokko war die erste Sportlerin aus einem muslimischen Land, die Gold gewann. Sie siegte in der neuen Disziplin 400-m-Hürdenlauf. 2012 wurde sie Vizepräsidentin des IOC. Insgesamt machten Frauen in Los Angeles 23 % der Teilnehmenden aus. Sie wetteiferten im Synchronschwimmen, Kunstturnen, Marathon, 3.000-m-Lauf, Schießen und Radstraßenrennen.

»YES, SIR!«
Der große Sport langweilte ihn irgendwann so sehr, dass er »jedem, der ihn in einem Boot sah«, die Erlaubnis aussprach, »ihn zu erschießen«. Der Brite Steven Redgrave gewann bei fünf Spielen in Folge, erstmals in Los Angeles, fünf Goldmedaillen. Später wurde der legendäre Ruderer und Fast-Zweimetermann für seine Verdienste von Queen Elizabeth II. in den Adelsstand erhoben.

DER FLIEGENDE »BULLE«
Der 21-jährige Michael Jordan war der gefeierte Star des US-Teams. Er holte Gold und wurde der beste Basketballer der Spiele. Als launenhafter Jugendlicher war er wegen zu geringer Körpergröße nicht in die Mannschaft gewählt worden. Doch schließlich wuchs er über sich hinaus. Jordan wurde zur Legende sowohl in der NBA mit den Chicago Bulls als auch mit dem US-Team. Wegen seiner Fähigkeit, vor dem Korb zu fliegen, nannte man ihn auch »Air Jordan«.

LAUTER PROTEST – OHNE BUKAREST
Die kommunistische rumänische Regierung forderte von der ungarischstämmigen Turnerin Katalin Szabó vehement, ihren Vornamen zu ändern. So gewann sie bei den Spielen als Ecaterina viermal Gold und einmal Silber. Da die Länder des Ostblocks fehlten, errang Rumänien insgesamt zwanzig goldene Auszeichnungen und belegte Platz 2 in der Mannschaftswertung. Dies war der größte Erfolg Rumäniens bei Olympischen Spielen.

GÄSTE AUS DEM REICH DER MITTE

Wegen politischer Unstimmigkeiten mit Taiwan hatte China seit 1952 nicht an Olympischen Spielen teilgenommen und kehrte nun zurück. Zum Star der Mannschaft wurde der Turner Li Ning, der drei Goldmedaillen (ein Fünftel aller höchsten Auszeichnungen für China in Los Angeles) sowie zwei Silbermedaillen und eine Bronzemedaille holte.

GOLD: BIG MAC, SILBER: POMMES, BRONZE: COLA

Ein kostenloses Gericht pro Medaille für die USA: McDonald's startete eine patriotische Aktion für seine amerikanischen Gäste und erlitt einen Millionenverlust, weil die USA aufgrund der fehlenden Boykott-Länder 174 Auszeichnungen gewannen. Nichtsdestotrotz veranstaltete die Fast-Food-Kette bei den nächsten beiden Spielen eine ähnliche Aktion.

DIE WELT IST REIF FÜR DAS INTERNET

Das Organisationskomitee von Los Angeles investierte 50 Millionen Dollar in Elektrotechnik. Es wurden Pager zur Kommunikation verteilt und Computerdatenbanken mit den Ergebnissen entwickelt. In die Startblöcke der Läuferinnen und Läufer wurden Sensoren eingebaut, die Fehlstarts dokumentierten.

»OLYMPISCHE FANFARE, ICH BIN DEIN VATER«

John Williams komponierte die »Olympische Fanfare« der Sommerspiele 1984 und bekam dafür einen Grammy. Er schrieb Musik für drei weitere Olympische Spiele sowie Filmmusik zu *Star Wars*, *Indiana Jones*, *Jurassic Park*, *Der weiße Hai*, *Kevin – Allein zu Haus*, *Harry Potter*, *E.T. – Der Außerirdische*, *Schindlers Liste* und vielen anderen Filmen.

UNGLAUBLICH GELENKIG

Fünf Wochen vor den Wettkämpfen wurde die 16-jährige Geräteturnerin Mary Lou Retton am Knie operiert. Ihr Siegeswille war so stark, dass alles heilte. Vor Heimpublikum erlangte Retton Gold, zweimal Silber, zweimal Bronze. Sie wurde zur meistausgezeichneten Sportlerin des US-Teams und gewann als erste US-Amerikanerin den Einzelmehrkampf im Geräteturnen.

EIN SIEG OHNE MEDAILLE

Die Neuseeländerin Neroli Fairhall hatte große Pläne, doch dann kam ihr ein Motorradunfall in die Quere. Vom Bauch abwärts gelähmt nahm sie im Rollstuhl am Bogenschießen teil. Fairhall erlangte Platz 35, was für die Athletin ein großer persönlicher Triumph war.

SIEGESZUG DES GELDES

Der Gründervater der olympischen Bewegung, Baron Pierre de Coubertin, war am 2. September 1937 gestorben. Just an diesem Tag wurde Peter Ueberroth, der spätere Leiter des Organisationskomitees der Spiele von 1984, geboren. Er war hauptverantwortlich für die hohen Einnahmen in Los Angeles: Die Stadt verdiente 250 Millionen Dollar, verringerte die Staatsausgaben und gewann stattdessen große Privatunternehmen als Sponsoren.

MOSES ERWISCHT ALLE NEUNE

Der US-Amerikaner Edwin Moses kam zwar beim olympischen Eid der Sportlerinnen und Sportler ins Stocken, aber nicht auf seinem Weg zu Gold. Im 400-m-Hürdenlauf holte er nach Montreal eine zweite Goldmedaille. Mit einer eigenen Technik überwand Moses die Strecke zwischen den Hürden mit 13 Schritten. Er stellte einen einzigartigen Rekord auf: Von August 1977 bis Juni 1987 gewann er 122 Rennen – genau 9 Jahre, 9 Monate und 9 Tage!

VON DER BAHN IN DIE SANDGRUBE

Der Leichtathletikikone Carl Lewis aus den USA gelang mit nur 23 Jahren Unglaubliches: Er gewann über 100 m (9,99 Sekunden), 200 m und mit der 4 x 100-m-Staffel sowie im Weitsprung Gold. Lewis, der »Sohn des Windes«, errang auch bei den nächsten beiden Olympischen Spielen Medaillen im Sprint und im Weitsprung. Seine Karriere beendete er 1996 in Atlanta mit Weitsprunggold.

BARFUSS INS ZIEL

Die 18-jährige Zola Budd aus Südafrika bekam wenige Monate vor den Spielen die britische Staatsbürgerschaft. Aufgrund von Sanktionen wegen des Apartheidsystems hätte sie nicht für Südafrika antreten dürfen. Über die 3.000-m-Strecke war sie zusammen mit Mary Decker aus den USA Goldanwärterin. Nach einem Zusammenstoß mit Budd stürzte Decker und schied aus, während Budd, die barfuß lief, Siebte wurde.

ZEHNKAMPF ALS MASS ALLER DINGE

Der legendäre Zehnkämpfer Daley Thompson wuchs als Halbwaise auf. Er träumte von Fußball, entdeckte aber sein Leichtathletiktalent. Bei den Spielen 1980 holte er seine erste Goldmedaille. In Los Angeles verteidigte Thompson seinen Titel und das harte Leben machte sich hundertfach bezahlt. Der Kindheitstraum des extravaganten Briten ging schließlich in Erfüllung: Als Fitnesstrainer arbeitete er bei Profifußballclubs in England.

SEOUL
SÜDKOREA, 1988

Die ersten Olympischen Spiele in Südkorea und die zweiten in Asien verbesserten das internationale Image des Landes und stießen die demokratische und wirtschaftliche Entwicklung an. Im Gegensatz dazu stand Nordkorea, wo Kim Il-sung als Diktator herrschte und die Menschen in völliger Aussichtslosigkeit lebten. Von den Spielen in Seoul ging Wärme aus und ein nahendes Ende des Kalten Kriegs.

Erfolgreichstes Land:
UdSSR – 132 55 31 46

Medaillensiegerin:
Kristin Otto, DDR, Schwimmen 6

Anzahl Aktive / Länder:
8.397 / 159

Gesamt:
237 Medaillensätze in 23 Sportarten

BRENNENDE TAUBEN
Bei der Eröffnungsfeier setzten sich einige Tauben, die traditionell freigelassen wurden, an den Rand der olympischen Feuerschale – das hatte natürlich tragische Folgen. Vier Jahre später in Barcelona ließ man die Tauben vor dem Entzünden der Flamme fliegen. Noch später ließ man sie einfach ganz weg.

ES BRENNT DER MUND, DIE SPUCKE FLIESST
Kimchi, scharf eingelegtes Gemüse, meist Kohl, ist ein koreanisches Nationalgericht, das heute in vielen Fast-Food-Läden der Welt erhältlich ist. Die globale Erfolgsgeschichte von Kimchi begann mit den Spielen 1988. Um während der Spiele Touristinnen und Touristen, die den Geruch von Kimchi nicht gewohnt waren, nicht zu verschrecken, putzten sich die Einheimischen nach dem Essen die Zähne.

MIT NEUEM BANNER IN DIE NACHT
Die Eröffnungsfeier in Seoul war die letzte, die noch tagsüber stattfand. Außerdem verwendete Südkorea für die Feier eine neue olympische Flagge aus feinster Seide, weil das seit 1924 über den verschiedenen Stadien gehisste Banner langsam verschlissen war.

EISERNER MEISTER ÜBER ZWEI JAHRZEHNTE
Der Tscheche Jan Železný nahm in Seoul die erste Stufe zum olympischen Höhenflug. Im Speerwurf holte er Silber und bei den nächsten drei Olympischen Spielen Gold. Niemand vor ihm hatte in dieser Disziplin dreimal hintereinander gewonnen! So bereuten seine Eltern, beide selbst im Speerwurf aktiv, es nicht, ihrem Sohn den Familiensport nahegebracht zu haben.

HEIMISCHE UNTERSTÜTZUNG
Eine Kampfrichterin aus der ehemaligen DDR zog der US-Frauen-Turnmannschaft einen halben Punkt ab, weil, wie sie sagte, die Trainerin Rhonda Faehn während des Wettbewerbs auf dem Podium geblieben war. Das war laut den Regeln verboten. Nur so kam das ostdeutsche Team zu Bronze. Wie sich später herausstellte, war die US-Amerikanerin gar keine Trainerin, sondern Reservesportlerin.

DOPPELDOPING
Beim Gewichtheben gab es einen Dopingskandal: Die beiden bulgarischen Gewichtheber Mitko Grablew und Angel Gentschew wurden auf verbotene Substanzen getestet und erwischt. Beiden erkannte man die Goldmedaillen ab. An ihrer Stelle erhielten zwei ihrer Landsleute sauberes Gold. Allerdings wurde einer von ihnen später als Trainer in Australien ebenfalls in einen Dopingskandal verwickelt.

SCHWERE SEE
Während des Segelwettbewerbs schlug plötzlich das Wetter um und Lawrence Lemieux konnte im Sturm kaum die Streckenmarkierung erkennen. Dafür sah er aber ein gekentertes Boot. Aus dem eisigen Wasser rettete er zwei Konkurrenten aus Singapur. Damit vergab der Kanadier seine Chance auf eine Platzierung. Stattdessen bekam er die Pierre-de-Coubertin-Medaille für wahren Sportsgeist verliehen.

DOPINGOPFER
Die Leichtathletin Heidi Krieger hatte sich intensiv auf die Spiele vorbereitet, konnte aber wegen gesundheitlicher Probleme nicht antreten. Die Sportlerin gab später zu, in großem Stil gedopt worden zu sein, und sagte als Zeugin gegen ostdeutsche Sportfunktionäre aus. Mit 31 Jahren entschied sie sich, als Mann weiterzuleben, und wurde Andreas. Der heutige Antidoping-Preis, eine Auszeichnung für den Kampf gegen Doping, war bis 2012 nach Heidi Krieger benannt.

SPRING NICHT IN UNBEKANNTE GEWÄSSER
Der US-amerikanische Wasserspringer Greg Louganis schlug beim Wettkampf mit dem Kopf auf dem Brett auf. Er erlitt eine Gehirnerschütterung. Trotz Verletzung setzte er den Wettbewerb fort und holte wie schon in Los Angeles 1984 zweimal Gold. Jahre später gab es einen Skandal: Louganis hatte kurz vor den Spielen erfahren, dass er an HIV erkrankt war. Hatte er durch seine Verletzung das Wasser infiziert? 2013 wurde er in die »Nationale Ruhmeshalle für schwule und lesbische Sportlerinnen und Sportler« aufgenommen.

BARCELONA
SPANIEN, 1992

Der Kalte Krieg gehörte der Vergangenheit an und zum ersten Mal seit 1972 wurden die Spiele nicht boykottiert. Die Sowjetunion fiel auseinander und die Gemeinschaft Unabhängiger Staaten (GUS) trat dieses eine Mal als »Vereintes Team« an. Es bestand aus allen ehemaligen Sowjetrepubliken, mit Ausnahme der baltischen Länder Estland, Lettland und Litauen. Aus dem einstigen Jugoslawien kamen die Mannschaften von Slowenien, Kroatien sowie Bosnien und Herzegowina. Und auch Deutschland war vereint. In diesem Jahr versprühten die Spiele tatsächlich olympischen Geist.

Erfolgreichstes Land:
Vereintes Team – 112 45 38 29

Medaillensieger:
Witali Scherbo, Vereintes Team (Belarus), Turnen 6

Anzahl Aktive / Länder:
9.356 / 169

Gesamt:
257 Medaillensätze in 25 Sportarten

ZWEI SEITEN EINER TURNERMEDAILLE
Witali Scherbo aus Belarus gewann im Vereinten Team sechs Goldmedaillen, davon vier an einem Tag. In Belarus war er ein Held und ein Liebling von Präsident Lukaschenka. Ihm wurden zahlreiche Ehrentitel, Auszeichnungen und Preise verliehen. Einige Jahre später emigrierte er jedoch in die USA und baute dort ein Unternehmen auf.

DER FEUERPFEIL
Die olympische Fackel leuchtete in der dunklen Arena. An ihr entzündete der Bogenschütze und spätere dreifache paralympische Medaillengewinner Antonio Rebollo aus Madrid seinen Pfeil. Er schoss ihn über die Flammenschale und entfachte so das olympische Feuer. Er habe nichts gefühlt, »wie ein Roboter«, sagte Rebollo. Um diese Aufgabe hatten sich 200 Personen beworben. Rebollo war erst zwei Stunden vor der Eröffnungsfeier aus vier Finalisten ausgewählt worden.

GESANG VOM BAND
Sie sang Sopran, er Bariton. Beide wollten bei der Eröffnung unbedingt zusammen ihre inoffizielle olympische Hymne »Barcelona« von 1987 aufführen. Doch Freddie Mercury verstarb ein Jahr vor den Spielen und für Montserrat Caballé kam kein Ersatz infrage. So ertönte »Barcelona« vor der Eröffnungsfeier vom Band. Während der Feier sang Caballé zusammen mit fünf weiteren spanischen Opernstars live beliebte Opernmelodien.

GROSSE SPRÜNGE
Der US-Amerikaner Carl Lewis gewann in Barcelona 1992 sein achtes Olympiagold und wurde zum dritten Mal in Folge Weitsprungmeister. Als Kind hätte er sich so etwas nie träumen lassen. Er war immer sehr klein gewesen, erst mit 15 Jahren machte er extreme Wachstumsschübe (6,35 cm in einem Monat). Weil sich sein Körper so stark veränderte, musste er drei Monate lang sogar an Krücken laufen.

WAS WÄRE SIE OHNE DIESE BEINE?
Weil bei ihr Morbus Basedow, eine schwere Autoimmunerkrankung der Schilddrüse, diagnostiziert wurde, dachten die Ärzte schon daran, der US-Läuferin Gail Devers die Unterschenkel zu amputieren. Doch sie wurde wieder gesund, trainierte ausdauernd und sprintete in Barcelona über die 100 m zu Gold. Im 100-m-Hürdenlauf galt sie als Favoritin, doch sie riss die letzte Hürde und gelangte geradeso ins Ziel. Vier Jahre später in Atlanta gelang ihr das goldene Doppel über 100 m und mit der 4 x 100-m-Staffel.

GEMEINSAM ZUR EHRENRUNDE
Mit einer Umarmung und einer Ehrenrunde beendeten die schwarze Siegerin Derartu Tulu aus Äthiopien und die weiße Zweitplatzierte Elana Meyer aus Südafrika den 10.000-m-Lauf. Diese Geste symbolisierte den Frieden zwischen der weißen und schwarzen Bevölkerung des afrikanischen Kontinents. Südafrika war aufgrund der Rassentrennung in Land 32 Jahre lang von den Spielen ausgeschlossen gewesen.

HÖHEN UND TIEFEN IM LEBEN EINES TENNISWUNDERKINDS
Jennifer Capriati besiegte mit 16 Jahren Steffi Graf und holte Olympiagold für die USA. Doch auf den umwerfenden Erfolg des jungen Tennisstars folgten Drogenprobleme, Skandale und eine Anzeige wegen Körperverletzung. Capriati holte allerdings 14 Profiturniertitel im Einzel, darunter auch drei Grand-Slam-Titel.

STERNSTUNDE DES DREAM TEAMS
Zum olympischen Basketballturnier waren zum ersten Mal NBA-Profispieler zugelassen. Die Mannschaft mit wahren Stars wie Michael Jordan, Earvin »Magic« Johnson, Larry Bird, Charles Barkley und anderen gewann wie erwartet Gold. Die Pausen zwischen den Spielen verbrachten sie jedoch nicht im olympischen Dorf, sondern im Hotel, da den US-amerikanischen »Riesen« die Betten zu klein waren.

ENDLICH FREI
Die UdSSR existierte nicht mehr. Estland, Lettland und Litauen traten in Barcelona getrennt an, während die übrigen zwölf ehemaligen Sowjetrepubliken im Vereinten Team 112 Medaillen erkämpften. Nur vier Jahre später kamen alle mit eigenen Mannschaften nach Atlanta.

EINE EIGENE BÜHNE FÜR DEN SCHNEE
Das IOC beschloss, Sommer- und Winterspiele nicht mehr im selben Jahr durchzuführen. Deshalb fanden nach Albertville 1992 die nächsten Winterspiele bereits 1994 im norwegischen Lillehammer statt.

GOLDKIND
Den Turmspringwettbewerb gewann die 13-jährige Fu Mingxia aus China. Zum ersten Mal war sie mit elf bei einem internationalen Wettkampf erfolgreich gewesen. 1996 holte sie in Atlanta zweimal Gold und verkündete kurz danach mit 18 das Ende ihrer Karriere, um zu studieren. Für Sydney 2000 kehrte sie jedoch zurück und gewann dort Gold und Silber.

SPORT UND FAMILIE
Die 35-jährige Evelyn Ashford holte in der 4 x 100-m-Staffel ihre vierte Goldmedaille. Sie war die älteste US-Leichtathletin, der dies bei Olympischen Spielen gelang. Drei Jahre vor Seoul 1988 hatte sie eine Tochter bekommen. Ashford bewies, dass sich Sport und Familie nicht ausschließen.

SCHNELL WIE DER WIND
Auf 1.500 m war Hassiba Boulmerka die Schnellste und gewann als erste Algerierin olympisches Gold. Sie stellte damit einen Rekord für ganz Afrika auf. Trotz ihres Erfolgs und ihrer Berühmtheit musste sie schließlich zum Trainieren nach Europa umziehen, denn islamische Fundamentalisten bedrohten sie ständig. Sie waren der Ansicht, dass Boulmerka zu freizügig auftrete.

BOXLEGENDE »GOLDEN BOY«
Óscar de la Hoya, US-Boxer mexikanischer Abstammung, hatte seiner Mutter versprochen, ihren letzten Wunsch zu erfüllen: Olympiasieger zu werden. Den Titel holte er sich gegen den amtierenden Weltmeister, den Deutschen Marco Rudolph, der ihn bei der WM noch besiegt hatte. Insgesamt wurde de la Hoya in sechs verschiedenen Gewichtsklassen elfmal Weltmeister.

NIEMALS AUFGEBEN!
Aus Großbritannien kam der 400-m-Medaillenanwärter Derek Redmond. Er ging jedoch mitten im Halbfinale in die Knie, als er sich einen Muskelfaserriss zuzog. Von der Tribüne eilte ihm sein Vater zu Hilfe und Redmond konnte unter tosendem Beifall das Rennen beenden. Aufnahmen von dieser Szene wurden später durch die IOC-Kampagne »Celebrate Humanity« weltbekannt.

HOCKEY LIEGT IHM IM BLUT
Bereits 1984 hatte der Berliner Andreas Keller in Los Angeles mit dem deutschen Hockeyteam Silber geholt. Damit war er in seiner Familie der dritte Sportler mit einer olympischen Auszeichnung: 1936 hatte schon sein Großvater Erwin in Berlin Silber gewonnen und 1972 sein Vater Carsten Gold in München. In Barcelona erhielt Andreas nun auch noch Olympiagold.

STARKE AMATEURE
Kuba war nach den Boykotts von Los Angeles 1984 und Seoul 1988 wieder mit am Start. Traditionell stark im Boxen gewann das Land sieben von insgesamt 14 Goldmedaillen. Bis 2022 war Profiboxen in Kuba noch verboten, dafür gab es dort gleich zwei dreifache Olympiasieger: Teófilo Stevenson und Félix Savón.

SPIEL, SATZ UND HOCHZEIT
Badminton war neu im olympischen Programm. Beide Goldmedaillen in den Einzelwettbewerben gingen an Indonesien und waren die ersten goldenen überhaupt für das Land. Bei den Frauen siegte Susi Susanti, bei den Männern Alan Budikusuma. Einige Jahre später heirateten die beiden. Zu Hause nannte man sie auch das »olympische Paar«.

WIE EIN FISCH IM WASSER
Im Rücken- und Lagenschwimmen erkämpfte sich die Ungarin Krisztina Egerszegi Gold. Dies war »Königin Krisztina«, wie die Presse sie nannte, bereits 1988 in Seoul im Alter von 14 Jahren gelungen. In Atlanta stand sie 1996 dann zum fünften Mal ganz oben auf dem Siegertreppchen.

FRAUEN AUF DER JUDOMATTE
Die erste olympische Medaille für Israel war eine silberne. Gewonnen hatte sie Yael Arad im Judo der Frauen, einer Disziplin, die in Barcelona ihr Debüt feierte. Arad widmete ihren Sieg den elf israelischen Opfern des Terroranschlags von München 1972. In Israel gab ihr Erfolg dem Judosport einen so großen Schub, dass bis heute sechs von insgesamt 13 olympischen Auszeichnungen für Israel an Judoka gingen.

ATLANTA
USA, 1996

Die Aufmerksamkeit der Weltöffentlichkeit war auf Atlanta gerichtet: Genau 100 Jahre zuvor hatten die ersten Olympischen Spiele der Neuzeit stattgefunden. Bereits zum vierten Mal kamen die besten Athletinnen und Athleten der Welt in den USA zu Sommerspielen zusammen. Zum ersten Mal wurden die Winterspiele nicht im selben Jahr ausgetragen. Die Spiele in der Heimat von Coca-Cola standen in der Kritik, zu sehr wirtschaftlichen Interessen untergeordnet zu sein und zu große logistische Herausforderungen sowie Sicherheitsmängel aufzuweisen. Wie schon in München 24 Jahre zuvor gab es einen heimtückischen Terroranschlag.

Erfolgreichstes Land: USA – 101 — 44 32 25
Medaillensiegerin: Amy Van Dyken, USA, Schwimmen — 4
Anzahl Aktive / Länder: 10.318 / 197
Gesamt: 271 Medaillensätze in 26 Sportarten

WAS IST ES?
Ein breites Grinsen, olympische Ringe am Schwanz, weiße Handschuhe, riesige Sneakers an dünnen Beinen, Sterne in den großen Kulleraugen: Das war »Izzy« (von What is it?), Maskottchen der Spiele. Man hielt das computeranimierte und aufsehenerregende Wesen für das misslungenste Maskottchen aller Zeiten.

TOR IN LETZTER MINUTE
Die nigerianische Mannschaft fiel auf dem Fußballfeld durch elegante Finten und feurige Tänze auf. Nwankwo Kanu und sein Team wuschen Brasilien im Halbfinale eiskalt den Kopf. Sie gewannen 4:3 gegen das Team mit Bebeto, Ronaldo, Rivaldo und Roberto Carlos. Auch im Finale gegen Argentinien boten sich dramatische Szenen, als »die Adler« das entscheidende Tor zum 3:2 in letzter Minute schossen.

LILIJAS BLÜTEZEIT
Im Geräteturnen gewann das ukrainische Team drei erste Plätze, einen zweiten und einen dritten Platz. Lilija Podkopajewa holte zwei Gold- und eine Silbermedaille. Zur Musik aus dem Barbier von Sevilla führte sie einen doppelten Salto vorwärts mit 180-Grad-Drehung aus. Das schaffte nach ihr lange weder ein Mann noch eine Frau. Podkopajewa war die einzige Olympiasiegerin in einer Einzeldisziplin im Geräteturnen, die keine Medaille mit dem Team gewann.

TERROR – EINE WELTWEITE BEDROHUNG
Im Olympiapark detonierte eine Bombe. Zwei Menschen starben, 111 wurden verletzt. Dank der Umsicht von Wachmann Richard Jewell konnten weitere Opfer verhindert werden. Zunächst wurde er selbst verdächtigt, an dem Anschlag beteiligt gewesen zu sein. Der Täter Eric Rudolph wurde erst 2003 verhaftet und zu einer vierfachen lebenslangen Freiheitsstrafe verurteilt.

GOLDRAUSCH
Mit 32 Jahren holte Teresa Edwards mit der US-Basketballmannschaft zum dritten Mal Gold. Auch in Sydney bekam sie die höchste Auszeichnung und war in dieser Disziplin die erste Person mit vier Goldmedaillen. Schon als Kind liebte Edwards Basketball und gewann gegen ihre vier Brüder.

MIESE SLOGANS
Der Sportausstatter Nike geriet in einen Skandal, als er Werbeslogans wie »Wenn du nicht hier bist, um zu gewinnen, dann bist du ein Tourist« oder »Du hast kein Silber gewonnen, sondern Gold verloren« verwendete. Das IOC stoppte die aggressive Marketingkampagne und drohte mit scharfen Sanktionen.

TITEL MIT SECHS NULLEN
Der Kanadier Donovan Bailey gewann den Sprint über 100 m mit 9,84 Sekunden. Michael Johnson aus den USA triumphierte über 200 m. Ein Jahr nach den Spielen wurde ein kommerzielles Rennen zwischen den beiden über 150 m ausgetragen mit einem Preisgeld von 1 Million Dollar. Johnson brach wegen einer Verletzung ab. Bailey gewann die Summe.

STRUGGLE BEDEUTET »KÄMPFEN«
Die Geräteturnerin Kerri Strug hatte sich beim Pferdsprung den Knöchel verletzt und weinte, doch die US-Amerikanerin kämpfte verzweifelt um die historische Goldmedaille im Mannschaftsmehrkampf. Die 18-Jährige gab alles. Unter größten Schmerzen trat sie zum zweiten Versuch an und bekam eine hohe Punktzahl. Die USA gewannen Gold – dafür hatte die Sportlerin nun ein geschientes Bein.

GAZELLE AUS GUADELOUPE
Die Französin Marie-José Pérec erzielte einen seltenen goldenen Doppelsieg in der Leichtathletik: Zunächst gewann sie den 400-m-Sprint, danach die 200 m – genau wie Michael Johnson am selben Tag. Bei den Spielen in Sydney 2000 verließ Pérec heimlich das olympische Dorf, weil sie sich von Unbekannten bedroht fühlte, und trat nicht an.

SPRUNG IN DIE ZUKUNFT

So nannte man Inessa Krawez' Weltrekorddreisprung von 15,50 m bei der Weltmeisterschaft ein Jahr vor den Spielen 1996. In Atlanta holte die ukrainische Leichtathletin in ihrer Disziplin, die für Frauen zum ersten Mal olympisch war, eine Goldmedaille. Ihr Weltrekord hielt sich 26 Jahre lang und wurde erst in Tokio übertroffen.

BASKETBALL-DREAM-TEAM

Die US-Basketballer gewannen bei den Spielen zum elften Mal. Das Star-Team trug auch den Namen »Dream Team III«. Michael Jordan war zurückgetreten, aber andere Megastars waren dabei: Scottie Pippen, Shaquille O'Neal, Karl Malone, Charles Barkley, David Robinson. Es kamen rekordverdächtige 34.600 Menschen, um das Finale zwischen den USA und Jugoslawien (95:69) zu sehen.

ERSTTEILNAHME DER UNABHÄNGIGEN

14 Länder nahmen 1996 zum ersten Mal an Olympischen Spielen teil. Für zehn weitere, die bereits 1994 bei den Winterspielen im norwegischen Lillehammer dabei waren, war das Debüt bei Sommerspielen. Delegationen von zwölf ehemaligen Sowjetrepubliken, die vier Jahre vorher noch zu einem gemeinsamen Team gehört hatten, traten nun einzeln an. Auch Tschechien und die Slowakei sandten nach der sogenannten »samtenen Revolution« und der anschließenden Teilung in zwei Länder eigene Teams.

TENNIS, LIEBE UND TROPHÄEN

Der amerikanische Tennisspieler Andre Agassi gewann Olympiagold. Damit machte er einen Schritt in Richtung seines »Karriere-Golden-Slams«. Den schaffte er 1999, als er die French Open gewann. 2001 heiratete er Steffi Graf aus dem baden-württembergischen Brühl, die 1988 den ersten und einzigen »Golden Slam« innerhalb eines Jahres im Damen-Einzel erreichte.

WIE EIN FELS IN DER IRISCHEN BRANDUNG

Bei diesen Spielen holte die Schwimmerin Michelle Smith alle vier irischen Medaillen. Sie gewann dreimal Gold und einmal Bronze. Zwei Jahre später wurde sie wegen Dopingverdachts gesperrt, obwohl ihr letztlich nichts nachgewiesen werden konnte. Die Medaillen aus Atlanta wurden der meistausgezeichneten irischen Athletin und späteren Juristin also nicht aberkannt.

»TASCHEN-HERKULES«

Das war der Spitzname von Naim Süleymanoğlu aus der Türkei. Er war nur 1,47 m groß. Dreimal in Folge gewann er Olympiagold im Gewichtheben und stieß das Dreifache seines eigenen Körpergewichts, obwohl er an Rücken-, Leber- und Lungenerkrankungen litt.

SCHLAGKRÄFTIG UND LEGENDÄR

Hier trafen die glorreiche Vergangenheit und Zukunft der Profiboxwelt aufeinander: Muhammad Ali entzündete das olympische Feuer und in der Kategorie über 91 kg triumphierte der Ukrainer Wladimir Klitschko. Im Finale besiegte er Paea Wolfgramm aus Tonga und wurde einer der berühmtesten Superschwergewichtsboxer der Welt.

KOPF-AN-KOPF-RENNEN

Am letzten Wettkampftag holte Josia Thugwane aus Südafrika Gold im Marathon. Er überquerte die Ziellinie nur drei Sekunden vor Lee Bong-ju aus Südkorea. Das war der knappste Zieleinlauf bei einem olympischen Marathon.

RIESIGE LUNGEN

Zum ersten Mal waren bei olympischen Radrennen Profis zugelassen. Im Einzelzeitfahren auf der Straße gewann der fünffache Tour-de-France-Sieger Miguel Indurain. Der Spanier hatte einzigartige körperliche Werte. Seine Lungenkapazität betrug acht Liter und sein Ruhepuls lag bei 28 Schlägen pro Minute. Man nannte ihn auch den »Außerirdischen vom Planeten Tour de France«.

GOLDENE FISCHSCHUPPEN

Weil Amy Van Dyken an Asthma erkrankt war, ging sie schwimmen. Die Beschwerden wurde sie nicht los, dafür erlangte sie Weltruhm. Sie gewann viermal Gold in Atlanta und zwei weitere Male 2000 in Sydney. Van Dyken war die erste US-Amerikanerin, die bei denselben Olympischen Spielen vier Goldmedaillen holte, und eine der wenigen Sportlerinnen, die zwar mehrfach Olympiagold gewonnen hatte, aber nie Silber oder Bronze.

DIE JÜNGSTE JUDOKA

Die nordkoreanische Judoka Kye Sun-hui gewann Gold im Superleichtgewicht bis 48 kg und wurde die jüngste Sportlerin mit einem Olympiatitel in dieser Disziplin. Sie war erst 16 Jahre alt. Ab den nächsten Spielen wurden Judoka ab genau diesem Alter zugelassen.

SYDNEY
AUSTRALIEN, 2000

Zum zweiten Mal richtete Australien, der grüne Kontinent, die Olympischen Spiele aus. Eine Angehörige der Aborigines, die Leichtathletin Cathy Freeman, entzündete das olympische Feuer. So erwies Australien seiner indigenen Bevölkerung Respekt. Für den IOC-Präsidenten Juan Antonio Samaranch waren es die letzten Spiele. Bei der Abschlussfeier nannte er Sydney 2000 die besten Wettbewerbe seit je – und die Welt stimmte ihm zu.

Erfolgreichstes Land: USA – 93 — 37 | 24 | 32

Medaillensieger: Ian Thorpe, Australien, Schwimmen — 3 | 2

Anzahl Aktive / Länder: 10.651 / 199

Gesamt: 300 Medaillensätze in 28 Sportarten

DIE FACKEL UND DER RUHM
Die Australierin Cathy Freeman gewann den 400-m-Lauf. Sie überholte ihre Konkurrentinnen aus Jamaika und Großbritannien und wurde die erste Sportlerin seit Beginn der Olympischen Spiele, die erst das olympische Feuer entzündete und bei denselben Spielen Gold holte. Außerdem ist sie die erste Angehörige der Aborigines, die eine Einzelgoldmedaille gewann.

ÉRIC, DER AAL, HÄLT DURCH
Der Schwimmer Éric Moussambani aus Äquatorialguinea war im Vorlauf der einzige Teilnehmer, alle anderen waren nach einem Fehlstart disqualifiziert worden. Er hatte erst acht Monate vor Sydney 2000 schwimmen gelernt und nie zuvor eine 50-m-Bahn gesehen. Dennoch bezwang er das erste Mal im Leben die 100-m-Strecke, wenn auch mit der längsten Zeit, die es je bei Olympischen Spielen gegeben hatte: 1 Minute 52 Sekunden. Für seinen unverwechselbaren Schwimmstil bekam er den Spitznamen Aal, »Éric the Eel«.

AUS MISSERFOLG KANN MAN LERNEN
1992 hatte Inge de Bruijn in Barcelona über 100 m Freistil und in der 4 x 100-m-Freistilstaffel nur jeweils den 8. Platz belegt, nachdem sie zuvor als »beste Schwimmerin der Welt« galt. Sie war darüber so enttäuscht, dass sie 1996 auf die Teilnahme an den Spielen in Atlanta verzichtete. Doch in Sydney war die Niederländerin wieder da, stellte drei Weltrekorde auf und errang Gold über 50 m und 100 m Freistil sowie 100 m Schmetterling.

»THORPEDO« MIT SCHWIMMFLOSSEN
Als Kind litt der Australier Ian Thorpe noch an einer Chlorallergie. Trotzdem wurde er in seiner Heimat ein Schwimmstar. Mit 16 verließ er die Schule, um sich auf Olympia vorzubereiten. Bei den Spielen in Sydney holte der damals 17-jährige Zweimeterriese über 400 m Freistil sowie in der 4 x 100-m- und 4 x 200-m-Staffel Gold. Dazu kamen noch zwei Silbermedaillen.

NICHT MAL VIER MINUTEN!
In unter vier Minuten erreichte das US-Team der Frauen in der 4 x 100-m-Lagenstaffel das Ziel. Das waren Goldmedaille, Titelverteidigung und Weltrekord in einem! Jenny Thompson wurde damit zum achten Mal Olympiasiegerin, Amy Van Dyken zum sechsten Mal und Dara Torres zum vierten Mal.

MIT 34 WAR SCHLUSS
Der kubanische Schwergewichtsboxer Félix Savón war der zweite Boxer, der in einer Gewichtsklasse drei Goldmedaillen gewann, und der erste, der sechs Weltmeistertitel im Amateurboxen geholt hatte. Doch bereits im nächsten Jahr musste er den Ring verlassen, da Amateure, die älter als 34 waren, nicht an Wettkämpfen teilnehmen durften.

»VORSICHT, HAIE!«
Diese Zeitungsüberschrift schockierte im Vorfeld des Triathlons einige Sportlerinnen derart, dass sie nicht starteten. Triathlon war erstmals olympisch. Brigitte McMahon aus der Schweiz gewann, verlor aber fünf Jahre später wegen Dopings ihre Medaille. Bei den Männern holte der Kanadier Simon Whitfield Gold, obwohl er und 14 andere Radfahrer gestürzt waren.

FEST IM SATTEL?
Im Radsport holte die Niederländerin Leontien Zijlaard-van Moorsel gleich drei Goldmedaillen: im Straßenrennen, im Einzelzeitfahren und im 3000-m-Verfolgungsrennen. Im Punktefahren bekam sie Silber. All dies gelang ihr trotz gesundheitlicher Probleme wie Essstörungen und Depressionen.

LAUFEN, LAUFEN, LAUFEN
Aufgewachsen in einer kinderreichen Bauernfamilie im äthiopischen Hochland war Haile Gebrselassie als Kind zehn Kilometer zur Schule und zehn zurück gelaufen. Später wurde er zweifacher Olympiasieger. Im 10.000-m-Lauf in Sydney war Gebrselassie nur 0,09 Sekunden schneller als sein Konkurrent aus Kenia und verteidigte seinen Titel als stärkster Langstreckenläufer des Planeten.

VOM RAD AUF DIE KUFEN
Bahnrennfahrer Robert Bartko aus Potsdam verschenkte, laut seinen Trainern, viele Starts, weil er zu aufgeregt war. In Sydney war er jedoch unübertroffen. Bartko holte in der Einer- und der Mannschaftsverfolgung Gold. Nach seiner sportlichen Karriere bereitete er das deutsche Eisschnelllaufteam als Sportdirektor auf die Olympischen Winterspiele in Pyeongchang 2018 vor.

WOMBAT GEGEN MASKOTTCHEN

Das Schnabeltier Syd, den Kookaburra Olly und den Stachelameisenbär Millie wählten die Australierinnen und Australier zu Maskottchen der Spiele. Sie symbolisierten Wasser, Luft und Erde. Gleichzeitig gab es ein inoffizielles Maskottchen: Wombat Fatso. Es war so beliebt, dass das IOC angeblich sogar versuchte, die Figur bei öffentlichen Auftritten zu verbieten, um die »offiziellen« Kollegen nicht zu verdrängen.

DER BESTE DUNKER ALLER ZEITEN

Der NBA-Star Vince Carter punktete im Spiel zwischen den USA und Frankreich mit einem seiner berühmtesten Slam-Dunks, als er den Ball mit einem Sprung über den Gegenspieler hinweg in den Korb beförderte. Carter war zunächst gar nicht aufgestellt worden. Im letzten Moment kam er als Reservespieler mit und die US-Basketballer gewannen ihr zwölftes Gold.

ALLES HAT SEINE ZEIT

Mithilfe der Turnerin Dong Fangxiao holte die chinesische Mannschaft sowohl 2000 in Sydney als auch 1999 bei der Weltmeisterschaft Bronze im Mannschaftsmehrkampf. Zehn Jahre später erfuhr das IOC, dass Fangxiao zum Zeitpunkt des Wettbewerbs erst 14 Jahre alt gewesen war und somit unterhalb des erforderlichen Mindestalters von 16. Es erkannte dem ganzen Team die Medaille ab.

GEMEINSAM UND UNERWÜNSCHT

Bei der Eröffnungsfeier liefen Süd- und Nordkorea gemeinsam mit einer eigenen Flagge ein. Zu sehen waren die Umrisse der Halbinsel in Blau auf weißem Grund. Eine Delegation aus Afghanistan gab es hingegen nicht. Weil das Land Frauenrechte missachtete und Sport verbot, war es von der Teilnahme ausgeschlossen.

SO GEHT'S NICHT!

Ein Jahr vor den Spielen in Sydney wurde die Welt-Anti-Doping-Agentur gegründet. Schon vor Beginn der Spiele gab es Skandale: 28 Mitglieder der chinesischen Delegation wurden disqualifiziert. Bulgarische Gewichtheber mussten ihre Auszeichnungen direkt in Sydney zurückgeben. 2004 erkannte man dem US-Staffellaufteam der Männer (4 x 400 m) die Goldmedaille ab und 2007 musste auch die 100-m-Topsprinterin Marion Jones aus den USA ihre Goldmedaille abgeben.

DER KOLOSS VOM LAND

Der US-Ringer Rulon Gardner hatte seine Kindheit auf einer Farm verbracht, Kühe gemolken und Heu gewendet. In Sydney besiegte er im Finale im griechisch-römischen Stil als Superschwergewicht seinen seit 13 Jahren ungeschlagenen russischen Gegner Alexander Karelin. Gardner war damit bei diesen Spielen wahrscheinlich die größte Überraschung des US-Sports.

VERTANE CHANCEN

Weil das Seitpferd nicht richtig aufgestellt war, stürzten einige Turnerinnen beim Pferdsprung. Man gab ihnen die Gelegenheit, den Versuch zu wiederholen, doch die Chinesin Kui Yuanyuan und die US-Amerikanerin Kristin Maloney waren bereits verletzt. So ging das Gold an die Rumänin Andreea Răducan. Später wurde es ihr wegen Dopings wieder aberkannt.

SUPERLEICHT

Die japanische Judoka Ryōko Tamura gewann in der Gewichtsklasse bis 48 kg ihr erstes Gold. Obwohl ihre Familie gegen ihre sportliche Karriere war, erzielte sie zahlreiche Siege und begeisterte viele Fans in Japan. Sie traf sogar den Kaiser Akihito persönlich.

VOLLER EINSATZ GEGEN SPANIEN

Im Fußball der Männer dominierten erneut Teams aus Afrika. Nach Nigeria holte diesmal Kamerun Gold. In der ersten Halbzeit des Finales gegen Spanien lag Kamerun zwar noch mit 0 : 2 zurück. Es konnte die Partie aber im Elfmeterschießen für sich entscheiden. Unter den Spielern war auch der 19-jährige Stürmer Samuel Eto'o, der sechs Jahre später mit dem FC Barcelona die Champions League gewann.

ZWEI FAMOSE SCHWESTERN

Dass seine Kinder zu Tennisstars würden, wünschte sich Vater Williams sehr. Er plante ihren Weg zum Erfolg sogar schon vor ihrer Geburt. Später schickte er seine Töchter bei eisigem Regen auf den Platz und trainierte sie mit harter Hand. 2000 gewannen Serena und Venus Williams in Sydney zusammen das Doppel, während Venus auch noch Gold im Einzel holte.

XXVIII
ATHEN
GRIECHENLAND, 2004

Seit 1896, der Geburtsstunde der Olympischen Spiele der Neuzeit, trug erstmals Athen wieder die Spiele aus. Man bezeichnete sie als »unvergessliche, traumhafte Spiele« und es gab Wettbewerbe auf höchstem Niveau, allen Schwierigkeiten beim Bau und der Bereitstellung von Anlagen und Einrichtungen zum Trotz. Und obwohl das Land schon bald mit der größten Wirtschaftskrise Europas und enormen Staatsschulden zu kämpfen hatte, erwärmte die Erinnerung an die glorreichen Spiele noch lange die Herzen der olympischen Sportlerinnen und Sportler. Bestimmt jubelten auch die Götter im Olymp!

Erfolgreichstes Land:
USA – 101 36 39 26

Medaillensieger:
Michael Phelps, USA, Schwimmen 6 2

Anzahl Aktive / Länder:
10.625 / 201

Gesamt:
301 Medaillensätze in 28 Sportarten

EHRENWERTE TRADITIONEN
So gut es ging, hielt man sich an antike Traditionen. Der Wettkampf im Kugelstoßen fand in Olympia in einem antiken Stadion ohne Publikumsränge statt. Das historische Panathinaiko-Stadion der Spiele von 1896 war Schauplatz für das Bogenschießen und den Zieleinlauf des Marathons, der in der Stadt Marathon startete

THE BALTIMORE BULLET
Der 19-jährige US-Schwimmer Michael Phelps gewann in Athen acht Medaillen: sechs goldene und zwei bronzene. Nach ihm wurde in seiner Heimatstadt Baltimore eine Straße benannt. Sein Ruhm bewahrte ihn jedoch nicht davor, im selben Jahr wegen Trunkenheit am Steuer verhaftet zu werden. Der Schwimmstar wurde zu 18 Monaten auf Bewährung verurteilt und musste an Schulen über die Gefahren von Alkohol sprechen.

KURZ VOR DEM ZIEL ATTACKIERT
Der beim Marathon führende Brasilianer Vanderlei de Lima wurde während des Laufs vom irischen Priester Cornelius »Neil« Horan, der das nahende Ende der Welt predigte, von der Strecke gedrängt. De Lima kam aus dem Rhythmus und lief als Dritter ins Ziel. Man verlieh ihm jedoch die Pierre-de-Coubertin-Medaille für »besonderen Sportsgeist«.

DAME KELLY
Der britischen Läuferin Kelly Holmes gelang über 800 m und 1.500 m das goldene Doppel. Mit 34 Jahren war sie die bislang älteste Mittelstreckenläuferin, die über beide Distanzen Gold holte. Neben zahlreichen Auszeichnungen wurde die Athletin 2005 von der Queen zur »Dame Commander of the Order of the British Empire« (DBE) geadelt.

LICHT UND WEISHEIT
Die Maskottchen dieser Spiele waren die Geschwister Phoibos und Athene. Sie waren altgriechischen Terrakottapuppen aus dem 7. Jahrhundert v. Chr. nachempfunden, die bei Ausgrabungen gefunden worden waren. Man benannte sie nach dem olympischen Gott Phoibos (Apollo) und der Göttin Athene.

MIT WIND UND WELLEN ZU GOLD
Das erste olympische Gold für Israel holte der Windsurfer Gal Fridman. Sein Vorname bedeutet auf Hebräisch »Welle«. Auch Fridman widmete seinen Sieg den israelischen Opfern des Terroranschlags von München 1972 – genau wie Yael Arad, die 1992 in Barcelona die allererste Medaille für Israel gewonnen hatte.

»JAHRHUNDERTRENNEN«
So nannte die Presse das hochkarätig besetzte 200-m-Freistilfinale: Darin besiegte der 21-jährige Ian Thorpe seine beiden Konkurrenten Pieter van den Hoogenband und Michael Phelps. Thorpe holte zweimal Gold, einmal Silber und einmal Bronze. 2006 beendete er seine Karriere aus Krankheitsgründen und wegen Motivationsschwierigkeiten. Als er 2012 in London doch wieder mit von der Partie sein wollte, scheiterte er an der Qualifikation.

MEDAILLENREGEN
Die US-Schwimmerin Jenny Thompson beendete ihre lange olympische Reise in Athen mit zwei Silbermedaillen. Im ewigen Medaillenspiegel teilt sie sich damit bei den Frauen Platz 2 mit Birgit Fischer aus Brandenburg. Beide holten während ihrer Karriere jeweils achtmal Gold, beide gewannen jeweils zwölf Medaillen.

ALLEIN AUF DEM OLYMP
Stolz trug der Liechtensteiner Oliver Geissmann als einziger Vertreter seines Landes die Flagge bei der Eröffnungsfeier. Der Mann aus dem kleinen Fürstentum in den Alpen trat beim Schießen an.

WAR DAS PFERD GEDOPT?
Bei den olympischen Springreitwettbewerben gewann Ludger Beerbaum aus Detmold fünfmal Gold. Das Gold aus Athen wurde ihm aber später wieder aberkannt, denn bei einem Dopingtest stellte man bei seinem Pferd ein verbotenes Präparat fest. Obwohl dieses dem Pferd keine Vorteile verschafft hatte, rutschte die deutsche Mannschaft damit auf den dritten Platz ab.

RINGEN UM JEDEN PREIS
Zum ersten Mal gehörte das Freistilringen der Frauen zum olympischen Programm. Iryna Merleni aus der Ukraine bekam im Fliegengewicht die erste Goldmedaille in dieser Disziplin. 2014 versteigerte die dreifache Weltmeisterin diese Medaille sowie einen weiteren internationalen Pokal. Mit dem Erlös unterstützte sie die ukrainische Armee.

BLOSS KEINE ZEIT VERGEUDEN
Ab dem Zeitpunkt der Zusage für Athen begleiteten organisatorische Probleme diese Olympischen Spiele. Der Bau vieler Gebäude und von Infrastruktur verzögerte sich, mindestens 14 Menschen kamen auf Baustellen ums Leben. In Hotels streikten vor den Spielen die Mitarbeitenden, außerdem auch das Personal des Rettungsdiensts. Bis zum Beginn der Spiele konnten aber alle Schwierigkeiten behoben werden.

NACKT IST VERBOTEN
Erstmals durften, unter der Bedingung, dass die Ausstrahlung geografisch beschränkt blieb, Fernseh- und Radiosender die Spiele im Internet übertragen. Die Eröffnungsfeier strahlten die meisten Sender in voller Länge aus, während in den USA und einigen anderen Ländern der nackte Oberkörper der minoischen Opferpriesterin sowie Männer, die als antike griechische Statuen »verkleidet« waren, zensiert wurden.

DREIMAL 50 IST GENUG
Zum dritten Mal in Folge gewann Robert Korzeniowski aus Polen das 50-km-Gehen. Er hatte bereits 2000 in Sydney die 20 km wie die 50 km gewonnen. Ihm gelang als Erstem ein Sieg auf beiden Strecken bei denselben Spielen. Mit vier Goldmedaillen ist Korzeniowski der am häufigsten ausgezeichnete polnische Athlet.

BAHN FREI FÜR MIZUKI NOGUCHI
Die japanische Läuferin Mizuki Noguchi gewann den Marathon der Frauen und war zwölf Sekunden schneller als die amtierende Weltmeisterin Catherine Ndereba aus Kenia. Luwsanlchündegiin Otgonbajar aus der Mongolei erreichte das Ziel als Letzte, über eine Stunde nach der Siegerin.

MIT PADDEL UND BOOT ENG VERBUNDEN
Der Kanutin Birgit Fischer brachten ihre sechsten und letzten Olympischen Spiele Gold im Vierer-Kajak und Silber im Zweier-Kajak über jeweils 500 m. Fischer war die erste Frau, die jemals bei sechs verschiedenen Spielen Goldmedaillen gewann, und die erste Sportlerin, der das in einem Zeitraum von 24 Jahren gelang. Das erste Gold holte sie mit 18 in Moskau, das letzte mit 42 in Athen.

WER SUCHET, DER FINDET
Der niederländische Ruderer Simon Diederik ließ seine Silbermedaille in einem Taxi liegen! Die Polizei wurde eingeschaltet und überprüfte 5.000 Taxis, doch sein Taxifahrer brachte die Medaille von selbst zurück. Dafür bekam er eine besondere Anerkennung des IOC.

IM FLUG ZU DOPPELGOLD
Hicham El Guerrouj aus Marokko war achtzig Jahre nach dem »fliegenden Finnen« Paavo Nurmi der Erste, der bei denselben Olympischen Spielen die 1.500 m und die 5.000 m mit Gold beendete. Seine Weltrekorde über 1.500 m und 1 Meile (1,6 km) haben bis heute Bestand.

PEKING
VOLKSREPUBLIK CHINA, 2008

Die Volksrepublik China strebte nach weltweiter Anerkennung – die Olympischen Spiele waren eine wunderbare Gelegenheit zu zeigen, dass Peking mit den modernsten und einflussreichsten Akteuren auf dem Globus mithalten konnte. Das Reich der Mitte gab immense Summen aus, präsentierte neueste Highteerfindungen und baute fortschrittlichste Olympiastadien. Zum feierlichen Abschluss dieser Spiele führte China den Medaillenspiegel an.

Erfolgreichstes Land: China – 100 — 48 22 30

Medaillensieger: Michael Phelps, USA, Schwimmen — 8

Anzahl Aktive / Länder: 10.942 / 204

Gesamt: 302 Medaillensätze in 28 Sportarten

KÖNIG DER LANGSTRECKE
Kenenisa Bekele aus Äthiopien holte über 5.000 m und 10.000 m Gold und stellte olympische Rekorde auf. Er war der erste und einzige Sportler, der sowohl zum Olympiasieger als auch zum Weltmeister »gekrönt« wurde – beim Laufen auf der Straße, in der Halle und im Crosslauf.

ERFOLGREICHE PREMIERE
Zou Kai war der am häufigsten ausgezeichnete chinesische Turner in Peking. Im Bodenturnen, am Reck und in der Mannschaft holte er Gold. Eine seiner Medaillen versteigerte er schließlich, um Erdbebenopfern in Sichuan zu helfen. Das Erdbeben hatte sich einige Monate vor den Spielen ereignet. Weitere Medaillen, zwei goldene und eine bronzene, erturnte er 2012 in London.

FEUER, WASSER, RAUSCH
Der US-Schwimmer Michael Phelps gewann in jedem Wettbewerb, in dem er antrat. Das brachte ihm acht Goldmedaillen und machte ihn zum 14-fachen Olympiasieger. Damit hält Phelps bis heute den Rekord für die meisten olympischen Goldmedaillen eines Jahres. 2009 erschien in der Presse ein Foto von ihm beim Konsum von Marihuana auf einer Party und er wurde für drei Monate gesperrt.

EIN RITTER AUF RÄDERN
Im Radsport war Großbritannien sehr erfolgreich. Die Männer holten im Bahnradfahren fünf von sieben Goldmedaillen und die Frauen zwei von vier. Weiteres Gold gab es für die Frauen im Straßenrennen. Chris Hoy war der Star des Bahnradsports. Er war der erste Brite, der in den letzten hundert Jahren bei denselben Olympischen Spielen dreimal Gold gewann. Für seinen Erfolg wurde er zum Ritter geschlagen, auch wenn er es für verrückt hielt, für das Fahren auf einem Fahrrad geadelt zu werden.

BREIT AUFGESTELLT
Geschichte und Moderne lagen in Peking 2008 eng beieinander. Zukunftsweisende Beispiele für Sportarchitektur in Peking waren das neu gebaute Nationalstadion »Vogelnest« und das Nationale Schwimmzentrum »Wasserwürfel«. Zudem führte das Straßenradrennen an der Chinesischen Mauer sowie an der »Verbotenen Stadt« vorbei. Beide sind Symbole jahrtausendealter Geschichte.

STARKER TEAMGEIST!
Für das US-Team war Peking sehr ergiebig. Die Läuferinnen und Läufer holten jeweils in der 4 x 400-m-Staffel höchste Auszeichnungen. Gold gab es außerdem für die Männer im Volleyball, die Frauen und Männer im Basketball und Beachvolleyball sowie die Fußballerinnen und den Ruder-Achter der Frauen. Insgesamt wurden es 36 Goldmedaillen für das US-Team.

KÖNIG DES BRUSTSCHWIMMENS
Der Japaner Kōsuke Kitajima schwamm als Schnellster über 100 m und 200 m Brust, seine stärksten Distanzen. Er war der erste Schwimmer aus Japan, der bei zwei Spielen hintereinander je zweimal Gold holte. Außerdem perfektionierte er die Brustschwimmtechnik mit Delfinbewegungen, die nach ihm benannt wurden.

GOLDENE BARBIE
Die chinesischen Säbelfechterinnen waren im Finalkampf der Mannschaft Favoritinnen. Gegen das ukrainische Team führten sie mit zehn Punkten, als die 17-jährige Olha Charlan neun Treffer hintereinander aufholte und schließlich den entscheidenden Schlag landete. So gewann das ukrainische Quartett Gold. 2020 wurde nach Charlans Vorbild eine Barbiepuppe entworfen, die in die »Barbie Role Models«-Serie einging.

ELEGANT INS WASSER
Die Chinesin Guo Jingjing nahm an vier Olympischen Spielen teil und besaß bereits zwei Goldmedaillen im Wasserspringen aus Athen 2004. In Peking gewann sie noch zweimal Gold. Das erste Mal schnupperte die spätere zehnfache Weltmeisterin 1996 Olympialuft in Atlanta. Damals war sie 14 Jahre alt und belegte bereits den fünften Platz.

DER VERLORENE RING

Während eines Beachvolleyballspiels verlor Kerri Walsh Jennings aus den USA ihren Ehering im Sand! Erst mithilfe eines Metalldetektors fand man ihn nach langem Suchen. Seitdem klebte sie ihren Ring am Finger fest. Walsh Jennings und ihre Teampartnerin Misty May-Treanor gewannen ihr zweites olympisches Gold. Und der Erfolg blieb ihnen treu: Vier Jahre später in London 2012 gewannen sie das dritte Mal Gold.

GENIE GEGEN ADLER

Der FC Barcelona wollte seinen wertvollsten Fußballspieler, den Argentinier Lionel Messi, zuerst nicht nach Peking gehen lassen. Doch der neue Trainer des Clubs, Josep »Pep« Guardiola, kam dem 21-Jährigen entgegen. Argentinien bezwang im Halbfinale Brasilien mit Ronaldinho im Team und im Finale die nigerianische Nationalmannschaft der »Super Eagles«.

ES IST NICHT ALLES GOLD, WAS GLÄNZT

In China ist die Zahl 8 eine Glückszahl. Deshalb begann die Eröffnungsfeier am 8. August 2008 um 8.00 Uhr abends. Das olympische Feuer wurde sogar auf den Mount Everest getragen, obwohl sich Demonstrierende für die Unabhängigkeit Tibets dem entgegenstellten. Die internationale Gemeinschaft kritisierte außerdem die Zensur und die Luftverschmutzung in China.

PADDELNDE BRÜDER

Im Kanuslalom der Männer holten die slowakischen Zwillinge Peter und Pavol Hochschorner das dritte Mal in Folge Gold mit dem Kanadier-Zweier. In dieser Disziplin waren sie die Ersten, die so erfolgreich waren. Die Brüder wuchsen in einer sportlichen Familie auf, auch ihre Eltern waren im Kanusport aktiv. Der Vater war ihr Trainer, die Schwester ihre Managerin.

JUNG UND ALT IM GROSSEN BECKEN

Die 12-jährige Schwimmerin Antoinette Guedia Mouafo aus Kamerun war in Peking die jüngste Sportlerin. Sie hatte während ihrer gesamten Kindheit nur in einem 25-m-Becken trainiert und war vor den Spielen erst einmal auf einer 50-m-Bahn angetreten. Zugleich schwamm mit der 41-jährigen Dara Torres aus den USA eine vierfache Olympiasiegerin zu drei Silbermedaillen. Damit war sie die älteste Schwimmerin, die jemals eine Medaille holte.

»CAPTAIN CANADA« UND ZEHN OLYMPISCHE SPIELE

Der 61-jährige kanadische Springreiter Ian Millar gewann in Peking 2008 seine erste olympische Medaille: Silber im Mannschaftswettbewerb. Die nächsten Spiele in London 2012 sollten seine zehnten und letzten sein. Seither hält er den Rekord für die meisten Olympiateilnahmen. Von 1972 bis 2012 ließ Millar lediglich 1980 die Spiele von Moskau wegen des Boykotts ausfallen.

WIE DER BLITZ

Usain Bolt gewann dreimal Gold: 100 m, 200 m und mit der 4 x 100-m-Staffel. Man hielt den Jamaikaner für den besten Sprinter der Welt, er warb für Turnschuhe von Puma und trug den Spitznamen »Lightning Bolt« (»Bolt, der Blitz«). 2017 aber ergab eine wiederholte Dopinguntersuchung seines Staffelpartners Nesta Carter unerlaubte Substanzen und der Mannschaft wurden die Medaillen aberkannt.

REKORDE OHNE ENDE

Dank eines neuen Schwimmanzugs namens »LZR Racer« wurden im Schwimmen 65 olympische und 25 Weltrekorde aufgestellt. Der Anzug wurde von der NASA und dem Australian Institute of Sport entwickelt. Insgesamt gab es 2008 in Peking 125 olympische Rekorde, davon 37 Weltrekorde.

JAMAIKAS STOLZ

Die Läuferinnen aus Jamaika, dem »Land der Quellen«, waren auf ihrer Karibikinsel ein »Quell der Freude«: Shelly-Ann Fraser-Pryce holte Gold im 100-m-Lauf, Veronica Campbell-Brown im 200-m-Lauf und Melaine Walker im 400-m-Hürdenlauf. Zum jamaikanischen Medaillensegen trugen weitere Leichtathletinnen noch drei Silber- und zwei Bronzemedaillen bei.

UND DIE MEDAILLE GEHT AN ...

Der spanische Tennisspieler Rafael Nadal erspielte sich in Peking sein erstes Olympiagold im Einzel. Das zweite gewann er in Rio de Janeiro 2016 im Doppel. Der Weltstar siegte in 22 Grand-Slam-Turnieren und schlug seine Konkurrenten mit links, obwohl er kein Linkshänder war.

LONDON
GROSSBRITANNIEN, 2012

Bei der Wahl zum Austragungsort der Olympischen Spiele 2012 setzte sich London gegen Moskau, Madrid, Paris und New York durch. London war die erste Stadt, die zum dritten Mal Gastgeberin wurde (nach 1908 und 1948). Nur einen Tag nach der Wahl, am 7. Juli 2005, erschütterte die britische Hauptstadt eine Reihe von Terroranschlägen, bei denen 52 Menschen ums Leben kamen. Das Sicherheitsbudget für London betrug knapp 1 Milliarde Euro. Insgesamt kostete die Vorbereitung der Wettbewerbe rund 14 Milliarden Euro. Saudi-Arabien, Katar und das Sultanat Brunei meldeten erstmals weibliche Teilnehmende an. Außerdem traten zum allerersten Mal in jeder Disziplin Frauen und Männer an.

Erfolgreichstes Land:
USA – 104   48 26 30

Medaillensieger:
Michael Phelps, USA, Schwimmen   4 2

Anzahl Aktive / Länder:
10.568 / 204

Gesamt:
302 Medaillensätze in 26 Sportarten

MAJESTÄTISCHE SPEZIALEFFEKTE
Der Oscar-gekrönte Regisseur Danny Boyle begeisterte die Welt mit der von ihm gestalteten Eröffnungsfeier in London. Besonders eindrucksvoll war das Aufeinandertreffen von Queen Elizabeth II. und Daniel Craig als »James Bond« mit einem gemeinsamen Fallschirmsprung aus einem Hubschrauber. Den Sprung übernahmen natürlich Doubles, aber der Effekt war großartig!

KOMPETENT UND SOUVERÄN
Serena Williams aus den USA gewann im Tennis-Einzel Gold und erreichte ihren »Karriere-Golden-Slam«: Sie hatte vier Grand-Slam-Turniere und die Olympischen Spiele gewonnen! Bereits am nächsten Tag holte sie auch im Doppel mit ihrer Schwester Venus Olympiagold. Sie war die erste Tennisspielerin, der ein »Golden Slam« im Einzel und im Doppel gelang.

DIE LÖWIN
Die Britin Nicola Adams, »die Löwin«, war die erste Frau, die eine olympische Goldmedaille im Boxen bekam. Sie bekannte sich als bisexuelle Frau öffentlich zur LGBT-Community, woraufhin die Zeitung The Independent sie nach ihrem Erfolg als »einflussreichste LGBT-Person Großbritanniens« bezeichnete. Auch vier Jahre später in Rio de Janeiro konnte sie ihren Golderfolg wiederholen.

JEDERZEIT EINSATZBEREIT
Vor dem 100-m-Finale flog aus dem Publikum eine Flasche auf Usain Bolt. Die niederländische Judoka Edith Bosch, Bronzemedaillengewinnerin in London, saß auch im Stadion, überwältigte den Täter und übergab ihn der Polizei. Bolt bekam davon kaum etwas mit. Als erster Sprinter gewann er über 100 m und 200 m bei zwei Olympischen Spielen hintereinander. Auch in der 4 x 100-m-Staffel gewann er mit der Mannschaft und stellte einen neuen Weltrekord auf.

REICHE ERNTE
Stephen Kiprotich aus Uganda war das jüngste von sieben Kindern einer Familie vom Land. Er zog als Jugendlicher zum Lauftraining nach Kenia. Wenn er nicht trainierte, arbeitete er bei der Obst- und Gemüseernte. 2011 lief er zum ersten Mal einen Marathon. Ein Jahr später setzte er sich sensationell gegen alle Favoriten durch und holte die zweite Goldmedaille für Uganda seit der Unabhängigkeit seines Landes. 2016 spielte Kiprotich sich im Film SIPI selbst.

KÖNIGLICHE FEITERINNEN
Im Vielseitigkeitsreiten trat für die britische Mannschaft Zara Tincall (geb. Phillips) an. Die älteste Enkelin der britischen Königin gewann mit ihrem Pferd High Kingdom Silber. Sie war die zweite Frau der Royal Family, die sich für Olympia qualifizierte. Vor ihr war dies nur ihrer Mutter Prinzessin Anne gelungen, die 1976 als Vielseitigkeitsreiterin in Montreal den 24. Platz belegte.

OLYMPISCHE FETTNÄPFCHEN
Das London Philharmonic Orchestra verbrachte fünfzig Stunden in einem Tonstudio, um die Hymnen aller 204 Länder aufzunehmen. Dennoch geschah das ein oder andere Missgeschick. So rannten bei einem Training chinesische Sportlerinnen und Sportler zur chilenischen Hymne. Und vor dem Frauenfußballspiel zwischen Nordkorea und Kolumbien hisste jemand versehentlich die südkoreanische Flagge.

GIB AUF DIE MEDAILLE ACHT!
Dem Judoka Felipe Kitadai aus Brasilien war seine Bronzemedaille so teuer, dass er sie keine Sekunde beiseitelegte. Doch versehentlich ließ er sie in der Dusche fallen und das Edelmetall wurde beschädigt. Auf Anfrage ersetzte ihm das IOC die Medaille durch eine neue. Für derartige Fälle gab es eine Reserve.

NEUER WELTREKORD NACH 27 JAHREN!
Carmelita Jeter lief als Letzte in der 4 x 100-m-Staffel und deutete, als sie über die Ziellinie lief, selbstbewusst auf die Uhr neben der Bahn. Diese zeigte für das US-Team einen neuen Weltrekord, den 27 Jahre alten Rekordwert von 1985 für die damalige DDR um 0,55 Sekunden unterbot. Damit war der Ruf der US-Amerikanerinnen wieder vollständig hergestellt, nachdem sie in Peking 2008 im Halbfinale den Staffelstab verloren hatten.

DANKBARER ENKEL

Der Läufer Félix Sánchez hatte 2004 in Athen für die Dominikanische Republik die erste Goldmedaille überhaupt gewonnen. In London 2012 trat er wieder über 400 m Hürden an. Er trug das Foto seiner Großmutter bei sich, die während der Spiele 2008 verstorben war. Nach seinem Sieg holte Sánchez das Bild seiner Oma hervor, legte es auf die Bahn und küsste es.

ERST HELD, DANN MÖRDER

Oscar Pistorius aus Südafrika war der erste Läufer mit amputierten Unterschenkeln, der an Olympischen Spielen teilnahm. Über 400 m und mit der 4 x 400-m-Staffel erreichte er das Halbfinale. Doch dass er bereits sechs paralympische Goldmedaillen besaß, bewahrte ihn nicht vor einer fünfjährigen Haftstrafe, nachdem er 2013 seine Freundin erschossen hatte.

EIN LOGO MACHT BESCHWERDEN

Nur wenige hatten am Logo dieser Spiele nichts auszusetzen. Einige sahen in dem 600.000 Euro teuren Entwurf des Beratungsunternehmens Wolff Olins ein Hakenkreuz. Weil es den Iran an eine Darstellung des Wortes »Zion«, ein Begriff für Israel, erinnerte, war es für ihn fast schon ein Anlass für einen Boykott. Eine animierte Version im Internet löste wenige Stunden nach ihrer Veröffentlichung bei zwölf Personen epileptische Anfälle aus.

DREAM TEAM IN AKTION

Das US-Basketballerteam konnte Stars wie Kobe Bryant, LeBron James und Carmelo Anthony vorweisen. Zum zweiten Mal in Folge holte es im Finale gegen starken spanischen Widerstand mit 107 : 100 olympisches Gold. Das Dream Team überstand das Turnier unbesiegt und stellte mit 156 Punkten gegen Nigeria einen neuen olympischen Rekord auf.

DER 4. AUGUST

Greg Rutherford und Jessica Ennis aus Großbritannien erzielten an diesem Tag im Weitsprung und im Siebenkampf goldene Erfolge. Zudem beendete der herausragende Mo Farah den 10.000-m-Lauf ebenfalls mit dem 1. Platz. Einige Tage später holte Farah weiteres Gold auf der 5.000-m-Strecke. Der Abend des 4. August gilt jedoch als der erfolgreichste für die britische Leichtathletik.

DIE LAST DES GOLDES

Michael Phelps errang weitere vier Gold- und zwei Silbermedaillen! Er wurde 18-facher Olympiasieger und mit 22 Medaillen Medaillenrekordhalter. Seinem Erfolg zum Trotz gab er bekannt, dass er an Depressionen leide, und beendete zunächst seine Schwimmkarriere. Nach fast zweijähriger Pause feierte Phelps dann doch ein Comeback.

EIN NEUER STERN IM BECKEN

Für die 15-jährige Katie Ledecky war dies die erste Olympiateilnahme. Später hielt sie 14 Weltrekorde. Als jüngste Sportlerin im US-Team brachte sie über 800 m Freistil eine Goldmedaille mit nach Hause. Sie erreichte die zweitbeste Zeit, die bis dato je auf dieser Distanz geschwommen wurde.

WIE EIN UKRAINISCHER KOSAKE

Der Boxer Oleksandr Ussyk aus der Ukraine trug als Markenzeichen eine traditionelle Frisur: eine lange Haarsträhne quer über dem kahl rasierten Kopf, wie sie früher typisch für ukrainische Kosaken war. Außerdem tanzte Ussyk nach seinem Sieg im Finale vor Freude den Hopak-Volkstanz. Ussyk wurde später Profiboxer sowie unumstrittener Weltmeister im Cruisergewicht und holte weitere Schwergewichtstitel.

»MISSY, DIE RAKETE«

Neben Michael Phelps gab es im Team der USA einen weiteren Schwimmstar: Die 17-jährige Missy Franklin holte viermal Gold, darunter den Weltrekord über 200 m Rücken, und einmal Bronze. Den Spitznamen »Missy, die Rakete« (»Missy the missile«) hatte sie von ihrem Vater, da sie »mit eingebauten Schwimmflossen« zur Welt gekommen sei. Franklin trug Schuhgröße 46.

RACHE IST SÜSS

Im Finale von Wimbledon, weniger als einen Monat vor den Spielen, war der britische Tennisspieler Andy Murray gegen Roger Federer unterlegen. Nun nutzte er die Gelegenheit zur Revanche aus: Murray besiegte den Schweizer im Kampf um Olympiagold mit 6 : 2, 6 : 1 und 6 : 4. Im Nachhinein nannte Murray diese Woche »die beste seiner Tenniskarriere«.

KEIN GOLD FÜR BRASILIEN

Fünfmal hatte Brasiliens Herrenfußballnationalmannschaft die Weltmeisterschaften gewonnen, doch Olympiagold fehlte ihr noch. In London 2012 galten die Brasilianer gegen Mexiko als klare Favoriten, verloren aber mit 1 : 2 das Finale. Dafür freuten sich die mexikanischen Fußballer über ihr erstes, historisches, olympisches Gold.

RIO DE JANEIRO
BRASILIEN, 2016

Zum ersten Mal fanden Olympische Spiele in Südamerika statt. Rio de Janeiro hatte sich dabei gegen Madrid, Tokio und Chicago durchgesetzt. Für Brasilien war dies der fünfte Versuch, die Spiele austragen zu dürfen. Aus sportlicher Sicht waren sie mit fast hundert Welt- und olympischen Rekorden unglaublich erfolgreich. Auch die Sicherheitsvorkehrungen waren beispiellos. Aufgrund der hohen Kriminalität im Land waren für die Zeit der Wettbewerbe an die 85.000 Angehörige von Militär und Polizei einsatzbereit. Es war das bisher größte Sicherheitsaufgebot für eine Veranstaltung in Brasilien und das Doppelte der Schutzmaßnahmen von London 2012.

Erfolgreichstes Land:
USA – 121

Medaillensieger:
Michael Phelps, USA, Schwimmen

Anzahl Aktive / Länder:
11.238 / 207

Gesamt:
306 Medaillensätze in 28 Sportarten

KEIN VERGLEICH ZUM WEISSEN HAI
Michael Phelps aus den USA konnte mit fünfmal Gold und einmal Silber die Anzahl seiner Einzelsiege bei Olympischen Spielen auf 13 erhöhen. Im Jahr darauf lieferte er sich ein Wettschwimmen mit einem Weißen Hai. Dabei trug Phelps eine Schwimmflosse in Form eines Fischschwanzes, um mithalten zu können, doch er verlor mit zwei Sekunden Rückstand. Der Hai war natürlich kein echter, sondern eine Computersimulation.

EIN TOD, DER LEBEN RETTET
Der 35-jährige Trainer des deutschen Kanuteams Stefan Henze erlitt bei einem Verkehrsunfall im Taxi schwere Kopfverletzungen. Er starb anschließend im Krankenhaus. Seine Familie kam nach Brasilien und stimmte einer Organtransplantation zu. Daraufhin wurden sein Herz, seine Leber und beide Nieren vier anderen Menschen transplantiert, denen damit das Leben gerettet werden konnte.

LANGERSEHNTER TRIUMPH
Die brasilianische Fußballnationalmannschaft mit Starkapitän Neymar da Silva Santos Júnior gewann passenderweise in Rio de Janeiro ihr erstes olympisches Gold. Im legendären Maracanã-Stadion besiegten die Gastgeber Deutschland im Elfmeterschießen mit 5 : 4. Es hatte nach der Verlängerung 1 : 1 gestanden. Das erste Tor im Spiel sowie den Siegtreffer landete Neymar selbst.

GOLDENER ABSCHLUSS
Der Sprinter Usain Bolt beendete in Rio seine olympische Karriere mit Gold über 100 m, 200 m und mit der 4 x 100-m-Staffel. 2018 spielte der achtfache Olympiasieger bei den Central Coast Mariners, einem australischen Fußballclub. 2019 kehrte er dem Sport den Rücken und wurde Mitgesellschafter des Unternehmens Bolt Mobility, das E-Roller, E-Scooter und Miniautos herstellte.

... UND SIE HAT »JA« GESAGT
Der zweifache chinesische Olympiasieger im Synchronspringen Qin Kai machte seiner Freundin He Zi direkt am olympischen Sprungbecken einen Heiratsantrag. Er nutzte die Gelegenheit der Siegerehrung – He Zi hatte im Turmspringen Silber gewonnen.

DIE EINZIGARTIGE SIMONE
»Ich bin nicht der nächste Usain Bolt und auch nicht der nächste Michael Phelps. Ich bin die erste Simone Biles«, sagte die US-Turnerin, für die diese Spiele olympische Premiere waren. Sie holte hier viermal Gold und einmal Bronze. In Tokio gewann Biles zwei weitere Medaillen und zog sich anschließend wegen psychischer Probleme aus dem Sport zurück. 2023 feierte sie ihr Comeback und erhielt bei den Turnweltmeisterschaften die meisten Auszeichnungen. Damit ist sie mit 23 WM-Goldmedaillen die erfolgreichste Turnerin der Welt. Biles erfand bislang fünf eigene Turnelemente, die nach ihr benannt wurden.

MIT DEM TENNISBALL DURCH DIE DECKE
Mónica Puig spielte in Rio de Janeiro ein sensationelles Tennisturnier und brachte so Puerto Rico die erste olympische Goldmedaille. Bisher lag sie in der Weltrangliste nie höher als auf Platz 33 und hatte nur einen Titel im Einzel der Women's Tennis Association gewonnen. Bei den Männern verteidigte der Brite Andy Murray als erster Spieler seinen olympischen Titel aus London 2012.

DER TREUSTE FAN OLYMPISCHER SPIELE
Der 94-jährige US-Amerikaner Harry Nelson besuchte in Rio de Janeiro zum 19. Mal Olympische Sommerspiele. Die ersten hatte er 1932 in Los Angeles miterlebt. Vier Jahre später ließen ihn seine Eltern nicht nach Berlin reisen. Doch seit 1948 verpasste er keine Spiele mehr, er war sogar 1980 in Moskau.

NICHTS IST FÜR DIE EWIGKEIT
Der Südafrikaner Wayde van Niekerk brach im 400-m-Lauf die Rekorde des US-Amerikaners Michael Johnson. Dessen Weltrekord hatte sich seit 1999 gehalten und sein olympischer Rekord seit 1996. Gecoacht wurde van Niekerk von der damals 75-jährigen Namibierin Ans Botha, einer legendären Trainerin mit über fünfzig Jahren Erfahrung in der südafrikanischen Leichtathletik.

LÜGENBARON

Der US-Amerikaner Ryan Lochte war der Schwimmer mit den zweitmeisten Auszeichnungen, vor ihm lag nur Michael Phelps. Während der Spiele behauptete er, er sei mit drei Teamkollegen an einer Tankstelle überfallen worden. Es stellte sich jedoch heraus, dass die Sportler gelogen hatten, um für das Chaos, das sie betrunken auf der Tankstellentoilette angerichtet hatten, nicht aufkommen zu müssen. Das IOC und der US-Schwimmverband sperrten Lochte für zehn Monate wegen Falschaussage.

»VOLL INS SCHWARZE«

Im Bogenschießen gewann Südkorea alle vier Goldmedaillen und stellte damit unter Beweis, wie gut das Team diese Disziplin beherrschte. Von 36 Goldmedaillen, die im Laufe der letzten neun Olympischen Spiele vergeben wurden, gingen 23 an Südkorea.

LEGENDÄRE LEDECKY

Als Schülerin hatte Katie Ledecky Schlange gestanden, um von ihrem Idol Michael Phelps ein Autogramm zu bekommen. Doch in Rio de Janeiro holte die US-Schwimmerin selbst viermal Gold und einmal Silber – und man nannte sie »den neuen Phelps«. Nur was die Anzahl der Medaillen anging, war ihr Phelps bei den Spielen noch überlegen. »Ihr beim Schwimmen zuzusehen, ist beinah wie Kunst zu betrachten. Es ist wunderschön«, schrieb Michael Phelps in einem Aufsatz über Ledecky.

RASANTE KANUTIN

Die Kanutin Danuta Kozák konnte ihre Medaillensammlung um drei Goldmedaillen ergänzen. 2008 hatte sie in Peking Silber gewonnen, 2012 in London zweimal Gold. In Tokio schaffte sie noch einmal Gold und einmal Bronze im Kajak-Zweier und Kajak-Vierer. Unter den ungarischen Frauen besaß sie die meisten olympischen Auszeichnungen.

»IRON LADY«

Die ungarische Schwimmerin Katinka Hosszú hatte 2004 in Athen Platz 31, 2008 in Peking die Plätze 12 und 17, 2012 in London die Plätze 4, 8 und 9 belegt. Danach wollte sie ihre Karriere beenden. Doch ihr damaliger Mann und Trainer Shane Tusup überredete sie, noch nicht aufzuhören. Er sollte recht behalten: Hosszú gewann 2016 in Rio de Janeiro dreimal Gold und einmal Silber. Später startete sie unter dem Label »Iron Lady« eine Kollektion für Badebekleidung, eröffnete in Ungarn einen Schwimmclub mit Schwimmschule namens »Iron Swim« und gründete das Schwimmteam »Team Iron«.

DIE UNÜBERWINDBARE

Kaori Ichō war eine japanische Ringerin und Meisterin ihrer Disziplin. 2004 in Athen, 2008 in Peking, 2012 in London und jetzt 2016 hatte sie keinen einzigen Kampf verloren und viermal Gold gewonnen. Kaori Ichō war die erste Frau, die in einer Disziplin vier Titel hintereinander holte. Vor ihr schafften das nur Männer, z. B. die Leichtathleten Alfred Oerter und Carl Lewis oder der Schwimmer Michael Phelps.

SCHWIMMEN, UM ZU ÜBERLEBEN

Zur Eröffnungsfeier trug die syrische Schwimmerin Yusra Mardini die Flagge des »Refugee Olympic Teams«. Es war das erste Mal, dass eine Gruppe aus zehn geflüchteten Athletinnen und Athleten gemeinsam antrat. Als Mardini 2015 aus Syrien floh, zog sie zusammen mit ihrer Schwester und zwei anderen Geflüchteten über mehrere Stunden schwimmend ein überfülltes Boot, das zu sinken drohte. So konnten die 18 Personen an Bord, die nicht schwimmen konnten, gerettet werden.

TRIO IN RIO

Aus Estland stammten die Drillingsschwestern Leila, Liina und Lily Luik, die im Marathon der Frauen starteten. Sie waren die ersten Drillinge bei Olympischen Spielen. Bemerkenswert war, dass beim Lauf auch zwei Zwillingspaare vertreten waren: die Schwestern Kim Hye-song und Kim Hye-gyong aus Nordkorea sowie Anna und Lisa Hahner aus dem Landkreis Fulda.

WIE DIE MUTTER, SO DER SOHN

Zum ersten Mal traten in einem olympischen Wettbewerb Mutter und Sohn zugleich an: beim 10-m-Luftpistole-Schießen. Die Georgierin Nino Salukwadse nahm mit 47 Jahren 2016 bereits zum achten Mal an den Spielen teil. In Seoul hatte sie 1988 mit der Sportpistole Gold gewonnen. Die Spiele in Rio waren die ersten für ihren 20-jährigen Sohn Zotne Matschawariani.

BRITISCH JUBELN IN RIO

»God Save the Queen« war 2016 genauso wie schon 2012 in London die meistgespielte Nationalhymne im Velodrom von Rio, wo zwölf Medaillen, darunter sechs goldene, an Britinnen und Briten gingen. Jason Kenny gewann dreimal. In Tokio holte er noch einmal Gold und sicherte sich insgesamt sieben Olympiatitel. Er war damit der erfolgreichste olympische Radrennfahrer aller Zeiten.

BRONZE IST GOLD WERT

Die 18-jährige Kimia Alisadeh aus dem Iran trat im Taekwondo an und gewann als erste Frau ihres Landes eine olympische Medaille: Bronze. In ihrer Heimat wurde sie wie eine Heldin gefeiert. Doch 2020 verließ Alisadeh das Land. Sie bezeichnete sich als »eine von Millionen unterdrückter Frauen im Iran«. In Tokio trat sie für das »Refugee Olympic Team« an.

TOKIO
JAPAN, 2020

Zu Beginn des Jahres 2020 wurde die Welt von der Coronapandemie erfasst. Weltweit starben mehr als 7 Millionen Menschen innerhalb von vier Jahren. Das IOC traf im Frühling die nie da gewesene Entscheidung, die XXXII. Olympischen Sommerspiele auf das nächste Jahr zu verschieben. Alles rund um die Marke »Tokio 2020« wurde aus Marketinggründen während des Turniers aber beibehalten. Damit fanden die Spiele zum ersten Mal in einem ungeraden Jahr und ohne Publikum statt.

Erfolgreichstes Land:
USA – 113 39 41 33

Medaillensieger:
Caeleb Dressel, USA, Schwimmen 5

Anzahl Aktive / Länder:
11.420 / 206

Gesamt:
339 Medaillensätze in 33 Sportarten

REKORDVERDÄCHTIGE SPORTSTÄTTEN
Insgesamt verteilten sich die Wettkämpfe in Tokio auf 42 olympische Sportstätten. Das war Rekord. Bisher lag das Maximum bei 37. Zwei Arenen wurden wieder genutzt, die schon für die Spiele 1964 gebaut worden waren: Nippon Budōkan für die Judo-Wettbewerbe und das Yoyogi Nationalstadion für das Handballturnier.

NACHHALTIGER ANSATZ
Zwei Jahre lang sammelte Japan alte Elektrogeräte zur Herstellung von 5.000 olympischen und paralympischen Medaillen. Aus 79 Tonnen recyceltem Edelmetall wurden 32 kg Gold, 3.500 kg Silber und 2.500 kg Bronze gewonnen. Die Siegertreppchen bestanden aus recyceltem Plastik (insbesondere Shampoo-Flaschen). Daraus wurden nach den Spielen wieder Verpackungen für Hygieneartikel hergestellt.

WETTKAMPF FÜR DIE JUGEND
Eine neue olympische Disziplin waren die Skateboardwettbewerbe. Vor allem ganz junge Skaterinnen und Skater holten hier Medaillen. Die 12-jährige Japanerin Kokona Hiraki gewann Silber in der Kategorie »Park«, die 13-jährige Japanerin Momiji Nishiya Gold in der Kategorie »Street«.

FAMILIENSACHE
Die Australierin Emma McKeon wurde in eine Schwimmfamilie hineingeboren. Ihr Vater Ron, ihr Bruder David und ihr Onkel Rob Woodhouse waren selbst Olympiateilnehmer, ihre Mutter Susie und ihr Onkel traten 1982 bei den Commonwealth Games an. In Tokio gewann Emma vier goldene und drei bronzene Medaillen. Insgesamt holte sie elf olympische Medaillen und ist damit die erfolgreichste aller australischen Olympiateilnehmenden.

SIE SCHREIBT GESCHICHTE
Die US-amerikanische Läuferin Allyson Felix gewann in Tokio über 400 m Bronze und mit der 4 x 400-m-Staffel Gold. Damit erhöhte sie die Anzahl ihrer Medaillen auf elf: siebenmal Gold, dreimal Silber, einmal Bronze. Sie ist in der Geschichte der Olympischen Spiele die am häufigsten ausgezeichnete Leichtathletin. Für Felix waren es schon die fünften Olympischen Spiele, das erste Silber holte sie mit 18 Jahren 2004 in Athen.

DIE KINDER HABEN DAS WORT
Die Maskottchen der Olympischen und Paralympischen Spiele 2020 waren Figuren im japanischen Animé-Stil mit Schachbrettmuster im Design der Edo-Zeit. Sie hießen Miraitowa (japanisch für »Zukunft« und »Ewigkeit«) und Someity (vom Englischen »so mighty«, »so mächtig« oder »so stark«). Kinder aus 16.769 japanischen Grundschulen stimmten über Aussehen und Namen der Maskottchen ab.

CITIUS, ALTIUS, FORTIUS – COMMUNITER
Den Satz »Schneller, höher, stärker« (im Deutschen oft auch »weiter«) hatte Pierre de Coubertin zum ersten Mal 1881 vom französischen Geistlichen Henri Didon bei einem Schulsportwettbewerb gehört. 1924 wurde er zum offiziellen Motto der Olympischen Spiele. Wenige Tage vor Beginn der Spiele in Tokio fügte man noch das Wort »gemeinsam« hinzu, um zu unterstreichen, wie wichtig Einigkeit und Solidarität sind.

TEAM LGBTQ
In Tokio traten mit mindestens 168 die bisher meisten LGBTQ-Personen an. Sie kamen aus 25 verschiedenen Ländern, allein 34 stammten aus den USA. Insgesamt holten sie elf Medaillen, zum Beispiel der Brite Thomas Daley Gold und Bronze im Wasserspringen.

REINER SPORT
Rekordverdächtige 6.200 Dopingproben wurden in Tokio genommen – mehr als ein Drittel der Teilnehmenden gab mindestens eine Probe ab. Zusätzlich gab es täglich Coronatests, war es Pflicht, Masken zu tragen, und das olympische Dorf blieb von der Außenwelt isoliert. Siegerinnen und Sieger hängten sich ihre Medaillen selbst um und Händeschütteln sowie Umarmungen waren verboten.

ERSTE TRANS OLYMPIA-TEILNEHMERIN
Die Gewichtheberin Laurel Hubbard aus Neuseeland war die erste offene trans Frau in der Geschichte der Spiele. Mit 34 Jahren ließ sie eine geschlechtsangleichende Operation vornehmen. Zuvor war sie 2017 bei der Weltmeisterschaft unter dem Namen Gavin angetreten und hatte Silber gewonnen. Hubbard schied in Tokio mit drei Fehlversuchen aus, obwohl sie als eine der Favoritinnen galt.

DIE TEUERSTEN SPIELE ALLER ZEITEN
Für die Spiele wurden fast 25 Milliarden Dollar ausgegeben, was beinah dreimal so viel war wie die vorgesehenen 7,4 Milliarden zum Zeitpunkt der Vergabe. Durch die Coronapandemie herrschte in Tokio Ausnahmezustand. Es gab erstmals kein Publikum bei Olympischen Spielen. Allein der ausbleibende Ticketverkauf führte zu einem Verlust von mindestens 800 Millionen Dollar.

HÜTE DEINE ZUNGE
Einen Tag vor Beginn der Spiele wurde der Kreativdirektor der Olympiaeröffnungsfeier Kentarō Kobayashi entlassen. Im Internet war ein Video von einem Auftritt 1998 aufgetaucht, in dem er sich über den Holocaust lustig gemacht hatte. Zuvor war Yoshirō Mori, der Präsident des Komitees für die Olympischen Sommerspiele 2020, wegen sexistischer Äußerungen zurückgetreten: Er hatte abfällige Bemerkungen über weibliche Mitglieder des Komitees gemacht.

OLYMPISCHER GROSSVERDIENER
Kevin Durant, Forward des US-Basketballteams, war bei den Spielen in Tokio der bestbezahlte Teilnehmer. 2021 wurde das Einkommen des damals 32-Jährigen auf 75 Millionen Dollar geschätzt. Durant nahm zum dritten Mal an Olympischen Spielen teil und wurde Sieger. Auch 2012 und 2016 hatte er Gold gewonnen.

MIT BOLT GLEICHAUF
Als erster Frau in der Geschichte der Spiele gelang der jamaikanischen Läuferin Elaine Thompson-Herah zweimal hintereinander der Doppelsieg im Sprint. Genau wie 2016 in Rio triumphierte sie auch in Tokio über 100 m und 200 m. Damit lag sie mit ihrem Landsmann Usain Bolt gleichauf. Mit ihren Teamkolleginnen gewann sie ebenfalls die 4 x 100-m-Staffel.

ITALIENISCHE SENSATION
Marcell Jacobs war mit 26 Jahren bei seinen ersten Olympischen Spielen der erste Italiener, der im 100-m-Lauf nicht nur das Finale erreichte, sondern es auch gewann. Ebenso sensationell holte Jacobs später zusammen mit seinem Team in der 4 x 100-m-Staffel Gold. Italien belegte im Leichtathletikmedaillenspiegel Platz 2 hinter den USA.

EINE FREUNDSCHAFT, ZWEIMAL GOLD
Im Hochsprungfinale erreichten die beiden Freunde Mutaz Essa Barshim aus Katar und Gianmarco Tamberi aus Italien die 2,37-m-Marke. Und beiden missglückten alle Versuche, 2,39 m zu überspringen. Als den beiden Athleten ein Stechen angeboten wurde, baten sie darum, das Gold zu teilen. Dies ist laut den Regeln nicht verboten.

IN PHELPS' FUSSSTAPFEN
Der US-Schwimmer Caeleb Dressel holte fünf Goldmedaillen und war der Erste, der bei denselben Spielen die drei wichtigsten Strecken gewann: 50 m und 100 m Freistil sowie 100 m Schmetterling. Vor allen Rennen und bei allen Ehrungen trug Dressel ein Tuch. Es gehörte seiner früheren Mathematiklehrerin Claire McCool, die vor den Spielen 2016 in Rio an Krebs gestorben war. Dort hatte Dressel sein erstes Olympiagold gewonnen.

ROC STATT RUS
In der Geschichte der Olympischen Spiele gab es zahlreiche Dopingskandale mit russischer Beteiligung. Die Manipulation von Proben in Moskauer Laboren blieb ganz besonders im Gedächtnis. Daher verbot der Internationale Sportgerichtshof CAS den russischen Sportlerinnen und Sportlern, unter russischer Flagge und mit ihrer Hymne zu starten. In Tokio trat deswegen ein Team aus 336 Athletinnen und Athleten unter dem Kürzel ROC (für »Russisches Olympisches Komitee«) an. Anstelle der Hymne erklang Musik von Tschaikowsky.

DIE ERSTEN
Flora Duffy gewann in Tokio im Triathlon und brachte ihrer Heimat Bermuda das erste olympische Gold in 85 Jahren Olympiateilnahme. Im Dreisprung holte Hugues Zango aus Burkina Faso Bronze und verschaffte seinem Land so die erste olympische Auszeichnung überhaupt.

Das Team

Idee:

Iryna Taranenko

Chefredaktion:

Iryna Taranenko
Marija Worobjowa

Autorinnen und Autoren:

Kateryna Poljakowa
Julija Fasenko
Wadym Jertschenko
Marija Worobjowa
Serhij Ruschyzkyj
Halyna Mysnyk
Aljona Kowaliwska
Karyna Tupyzka
Kateryna Siborowa

Faktenprüfung:

Dmytro Nekrylow
Dmytro Lytwynow
Oleksandr Merslykin

Art-Direktorin:

Marta Leschak

Illustrationen:

Marta Leschak
Anna Plotka
Iryna Schuk
Irena Korol
Maria Filiptschuk
Olessja Kowtyk
Olha Rotajenko
Oksana Bojko
Nadija Hanina
Hanna Wynohradowa
Marija Sokil
Anna Schuk
Anhelina Ibrahimowa
Jaryna Harandscha
Alina Mamontowa
Denys Maschehow
Anna Holowachowa
Daryna Filiptschuk
Iryna Wale
Lesja Beldij
Olha Swystak
Marija Schnitkowa
Sofija Bylym
Inna Dscherelowska
Julija Omeljanez
Katja Akwarelna

Mit diesem QR-Code geht es zu einer neu erstellten Doppelseite mit Ereignissen rund um die Olympischen Spiele in Paris 2024.